憧れのバラのアーチが作れる

つるバラの選び方・育て方・仕立て方

京成バラ園ヘッドガーデナー

村上 敏 著

レンガの柱を利用したアーチ仕立ての
イングリッシュローズ（アカオハーブ＆ローズガーデン）

構造物とバラの品種の相性、
それが素敵なガーデンづくりのコツです。

　つるバラは、日当たりがよほど悪くない限りよく育ち、初心者でも魅力的な花を咲かせることができます。皆さんが失敗するのは、仕立てです。つるバラを育てることと、つるバラを仕立てることは、まったく異なる作業です。

　つる仕立ての代表的なものが、アーチ仕立て、フェンス仕立てです。本書ではつるバラを中心に、木立性（花壇用）のバラも含めて紹介しています。木立性のバラは、まっすぐ伸びる性質のものを選べば、仕立てやすいともいえます。ただ、性質としては、つるバラのほうが強健です。

　バラは樹木です。3〜5年かけて本来の姿となり、事故がない限り20年以上つき合うことも普通です。ここで気をつけなければならないのは、苗と最終の姿が違うことです。「可愛い子猫」と思って育てたら、実は「トラ」でしたということが、バラの世界ではよくあります。近年、その逆のパターンも出てきました。

　バラは品種によって、仕立てごとに相性があります。バラを熟知していれば大きいものを小さく仕立てられますが、初心者は、それぞれの品種の自然な大きさに合わせるのがもっとも手間なく、長く、楽につき合えます。構造物（アーチ、フェンス、オベリスク、トレリスなど）と、バラの品種の相性を揃えることが、素敵な庭づくりのコツです。

　これから、バラとは長いおつき合いになるので、ひとことアドバイス。「バラは顔（花）だけで選ばないこと」が、長続きする秘訣です。

京成バラ園ヘッドガーデナー
村上 敏

contents

構造物とバラの品種の相性、
それが素敵なガーデンづくりのコツです。 …… 3

つるバラが咲き乱れる、素敵なガーデン …… 6

PART 1 ── バラのアーチを作る

PART 2 ── バラのフェンスを作る

PART 3 ── バラのオベリスクを作る

PART 4 ── バラのトレリスを作る

PART 5 ── つるバラの品種の選び方

PART 6 ── つるバラの基本の育て方

つるバラが咲き乱れる、素敵なガーデン

バラ好きの方に、自慢の庭を見せていただきました。
さまざまな品種のバラが美しく咲く姿に、思わずため息が出ます。
それぞれの庭の特徴が十分に活かされていて、バラの庭づくりのヒントになります。

Arch（アーチ）

M・Kさん邸（愛知県）
つるバラは、3年目にやっと美しく咲き揃います。
4年目になるとシュート（太い枝）が増え、剪定に迷いが出てきて、
それぞれの品種の枝の性質やステムの長さから、アーチに向かないものがあることを知りました。
濃いピンクが「アンジェラ」、薄いピンクが「ナエマ」です。

「ナエマ」はステムが長く、高い位置で咲くので、
アーチには不向き。翌年はブッシュ仕立てにしました。
カップ咲きの可愛いピンクの花は、香水の名前に
由来しているくらいよい香りです。やや遅咲き。

小屋に誘引した「モン ジャルダン エ マメゾン」。
枝を残し過ぎて伸び放題になり、
小屋がまったく見えなくなりました。

「ピエール ドゥ ロンサール」と
「モン ジャルダン エ マメゾン」は、とても相性がいい
組み合わせ。通りすがりの人が、立ち止まって
眺める場所です。

薄紫の花をたくさん咲かせてくれる「レイニー ブルー」。
我が家では貴重な、ブルー系の花です。

「ピエール ドゥ
ロンサール」の
下のほうに、
可愛い
「ローブリッター」が、
咲き揃います。

「ローブリッター」と花の形が似ていますが、
ひと回り大きいサイズの「ラレーヌ ヴィクトリア」。

Ａrｃｈ （アーチ）

M・Mさん邸（神奈川県）
手前のピンクのバラは「アルバーティン」。
ベンチの上は「ピエール ドゥ ロンサール」です。撮影時に、ちょうど朝日が
差し込んできて、ドラマチックな一枚が撮れました。

Ａ　ｒ　ｃ　ｈ　（アーチ）

カフェ　Ｎ・Ｋさん（福島県）
「アンジェラ」のアーチです。
毎年、びっしり花が咲き揃います。
この下にチェアを置いて、
お茶を楽しむのは最高です。

Ｆ　ｅ　ｎ　ｃ　ｅ　（フェンス）

カフェ　Ｋ・Ｋさん（千葉県）
淡いピンクのバラは「ポールズ ヒマラヤン ムスク」です。
白いブロックと一体化して、
清楚なイメージです。
特別な手入れをしていないのによく育ち、
満開時には、優しい香りに包まれます。

Obelisk （オベリスク）

T・M さん邸（北海道）
お気に入りのバラ「ローズ ポンパドール」。
毎年、少しずつ大きくなり、
ついにオベリスクの上まで到達しました。
樹勢が強く耐寒性があるので、寒冷地でも安心です。

Obelisk
（オベリスク）

T・Kさん邸（京都府）
「サンセット メモリー」を
オベリスクに誘引しましたが、
ステムが長くないので
ちょうどいい感じに咲きました。
この年はこのバラがいちばんに開花。
写真の2日後のほうが、
もっと咲いていたかもしれません。

Trellis
（トレリス）

T・Sさん邸（富山県）
トレリスの左側に「レイニー ブルー」、
右側には「フィレール」。
クレマチスを背景に配して、
形の変化と動きを加えました。

本 書 の 見 方

本書ではアーチ、フェンス、オベリスク、トレリスの4つの構造物ごとに、
つるバラの育成法を紹介しています。
アーチを例にして、解説しましょう。

＊構造物を選ぶ

庭のスペースやエクステリアに合わせて、構造
物のサイズや形をじっくり選びましょう。実際
に庭に出て、メジャーで計測してみることをお
すすめします。

例： アーチDタイプ（p.30）が庭に合うので、使いたい
と仮定します。

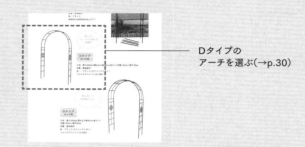

Dタイプの
アーチを選ぶ（→p.30）

＊バラの品種を選ぶ

選んだ構造物に合ったバラの品種を選ぶこと
が、とても重要。もし、ここで選び方を間違え
ると、大きく伸び過ぎたりするなど、悩みが多
くなります。花の魅力だけにとらわれず、適切
な品種を選んでください（p.84〜118）。

例： 表（P.88）の中から、庭植でアーチDタイプに合う
バラを絞り込みます。さらに、図鑑でそのバラの
詳細を確認し、品種を選びましょう。

アーチDタイプに合うバラ

アーチの欄からDを選ぶ

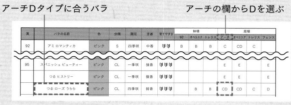

＊構造物を設置し、バラを植える

アーチをはじめ、それぞれの構造物の設置方法
とバラの植え方を紹介（フェンスは除く）してい
ます。重い構造物をぐらつかずにしっかり固定
させる設置法や、丈夫に育つバラの植え方を紹
介しています。

＊バラの剪定・誘引をする

バラの品種、または2〜3年の若い苗か、5年以上経った充実した株なの
かでも方法は変わります。剪定・誘引を具体的に丁寧に紹介します。

＊バラを鑑賞する

至福の時間を、
家族や友人と楽しみましょう。

PART 1

バラの
アーチを
作る

バラのアーチを、くぐり抜ける幸せ。
芳醇な香りに包まれながら、
うっとりした満足感に浸れます。

❧ アーチを設置する

長い年月をおつき合いするので、4個のブロックを使って土台部分をなるべく大きく、しっかり設置しましょう。

◆用意するもの

アーチ（→p.28）	セメント※
ブロック……4個	水（規定量）
スコップ	麻ひも
ゴムハンマー	水平器
シャベル	バケツ
砂	

※ホームセンターには、水を規定量注ぐだけで使えるセメントがいくつか販売されています。30分から数時間で固まる「速乾セメント」と1〜2日かけて固まる「ドライモルタル」などです。前者はDIYの時間がなかなか取れない人におすすめですが、みるみる硬くなって扱いにくいので注意。時間がある方は後者のほうが心に余裕をもって取り組め、当日のやり直しも簡単なので、初心者はこちらがおすすめです。

1 アーチの幅に合わせて、ブロックを置き、位置決めをする。

2 スコップで、ブロック（高さ約19㎝）がすっぽり入る深さ（約25㎝）まで掘る。幅はブロックより少し広めにしたほうが、あとで調整しやすい。

3 穴の底をゴムハンマーで叩き、ブロックを入れたときに沈まないように土を固める。

4 掘った穴の中に、地面から19㎝下まで砂を入れる。

5 砂の上を、シャベルで平らにする。1〜4を、反対側も並行して同様に行う。

6 掘った穴の中に、横列にブロックを2個ずつ入れる。基礎は広いほうが、アーチが安定する。

— *Zoom* —

7 アーチをブロックの上へ
のせる。

ブロックの穴と、アーチの穴の位置を合わせる。

8 アーチの左右2段目に、水平器を
のせるための麻ひもを渡して結ぶ。

9 水平器ではかりながら、アーチの左
右の高さを水平になるよう調整する。

10 水平になるよう、ゴムハンマーで
叩きながら、微調整する。

11　アーチとセットになっているアンカーを、手元に用意する。

12　アーチを横に倒し、アーチの底の穴に、アンカーを入れて仮止めする。このアーチの場合、左右3カ所ずつ。

ボルトを締めるとここが開く。
※コンクリートが固まってから行うこと。

13　アンカーは、この状態でいったん止める。

14　バケツにセメントを入れ、少しずつ水を加えて混ぜる。

※速乾セメントを使っているためパサついていますが、普通のセメントの場合はもっとトロトロの状態です。

15　アーチを固定するブロックの穴のみ、シャベルでセメントを入れる。

16　ゴムハンマーで、アーチをアンカーごと打ち込み、固定する。

※普通のセメントの場合は、この作業はいらない。

17 親指で、ブロックの穴にセメントを押し込む。使い捨てのポリ手袋をすると、手が荒れない。

18 セメントが乾いたら、ボルトを締め上げる。アンカーの下の部分が広がり、アーチがしっかり固定される。

19 掘った土を、ブロックが隠れるように、穴に埋め戻す。

20
バラのアーチの
設置が完了。

バラを植える

今回は休眠期の植え込みなので根を広げて植えますが、
葉が青々と茂った成長期は根を崩さずに植えてください。

◆用意するもの

大苗の「アミ ロマンティカ」
大苗の「ポラリス アルファ」
スコップ
元肥入りの土壌改良剤※
（土壌の通気性・保水性を改善したり、
微生物を増やしたりする働きがある）

棒（直径2cm程度）
ジョウロ

※土壌改良剤としては、完熟の牛（または馬）
ふん堆肥。元肥としては生の乾燥油粕（厳冬
期のみ使用可）、油粕主体の玉肥、元肥表記
のある肥料で代用できます。いずれも、冬は
根に多少ふれても問題ありませんが、他の季
節は根に直接ふれないように庭土で薄く仕切
っておきます。

1 アーチの左の外側に、スコップで穴（直径約50cm×深さ約50cm）を掘る。

2 元肥入りの土壌改良剤を約10cmの深さまで入れる。

3 掘り返した土と土壌改良剤を混ぜる。

4 バラの根を崩し、土を落としておく。

5 バラの根を指で広げながら、掘った穴に入れる。

6 スコップで、掘った土を埋め戻す。

7 さらに土壌改良剤を加え、スコップで混ぜる。

8 棒で、根と根の間に土を突き入れる。※棒は細いと役に立たず、太過ぎると土に刺し込みにくいので、直径2cm前後が使いやすい。

9 ジョウロの水で、少しずつ土を流し込みながら棒で突き、根と根の間に土を流し込む。

10　掘った土を、スコップで穴に埋め戻す。

11　植えた所にジョウロでたっぷり水を与える。
　　※ホースなどで大量の水を注ぐと、浸み込む前に水があふれてしまうので注意。

12　アーチの左側に「ポラリス アルファ」を植えたところ。右外側には「アミ ロマンティカ」を、同様に植える。

13　ブッシュ（木立性）の「ポラリ
ス　アルファ」（黄）とシュラブ
（半つる性）の「アミ ロマンティ
カ」（ピンク）、２色使いのアー
チの完成。

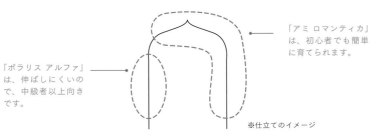

「ポラリス　アルファ」
は、伸ばしにくいの
で、中級者以上向き
です。

「アミ ロマンティカ」
は、初心者でも簡単
に育てられます。

※仕立てのイメージ

剪定・誘引をする

仕立ての見映えをよくするとともに、花つきをコントロールして株の勢いを保ちつつ、花を最大に咲かせるための作業です。

今回、剪定・誘引した部分

今回剪定と誘引をするのは「つる ローズうらら」。
新苗を植えて8カ月。新しいつるが多く出ている状態（12月8日）。

伸ばすことを優先した
アーチへの剪定・誘引

いちばん太くて長い若枝

アーチに対して木がまだまだ小さいので、今回は株を大きくすることが目的の誘引をする。日を受け止める葉が重なり合わずに配置できるのなら、細い枝もなるべく残す。太い若枝はストレスがないように、まっすぐ立てて誘引する（1月5日）。

株の根元の剪定・誘引

誘引は必ず株元からはじめます。

1 枯れた枝は、剪定バサミで切除。

枝が分かれている所は、裂けやすいので注意。

2 この枝は花が咲かないほど細い枝だが、葉が茂るので、養分を生み出し、太い枝を作ってくれる。現在の太い枝ではカバーできない株元に誘引。細くても、枝元から順に誘引すること。

細い枝でも、葉を茂らせるために
アーチの下部に、剪定・誘引する

細い枝は、光を十分に当てることで光合成し、株を元気にします。
枝が混み合っていなければ残しておきましょう。
この株の場合、ぽっかり空いたアーチの下部へ誘引します。

1　細い枝はよい芽が出そうもないので、切り落とす。

2　残した枝を、1段目のすぐ下に、麻ひもで結ぶ。枝を曲げると弱るので、そのまま上へ向ける。

3　よい枝が生えてそうな、太くてぷっくりしたよい芽が枝の先端になるように、剪定バサミで切る。

4　右側の枝にはよい芽がないので、剪定バサミで切る。

5　切り終えた状態。

右側の枝は、円を描くように誘引し、①②③の順番に麻ひもで固定。3カ所以上固定すると動かない。
天に近い部分から芽吹くので、枝を曲げると、破線で囲んだ部分Ⓐから芽吹く。さらに、力のある枝なら、ここに花が咲く。

メインとなる太い枝を剪定・誘引する

基本は細い枝を切って、養分をギュッと太い枝に集めること。花が咲いたら、どのくらいの太さに
よい花が咲いたかを見ておくと、翌年の作業に役立ちます。

このいちばん太くて
長い枝は、最後に、
中央でまっすぐ上に
誘引し、さらに長く
伸びるように促す。

1 この部分に花を咲かせたい。まだたくさん
の花を咲かせるには枝が細いので、あまり
曲げずに、枝を立ち上げる方針。

2 花を咲かせるために細かな枝を切り、咲き
そうな太さの枝だけにする。○内の部分が
咲きやすそうな枝。

3 すっきりした状態。すべて
の枝を狭い所に集中させる
ので、細かな枝を残すと、
混み合って陰を作ってしま
い、光合成効率が悪くなっ
てしまう。

枝先を整理して、花を咲きやすくする

小枝を除くことで、根から養分が集中して咲きやすくなります。

細くて花が咲きそう
にない枝3本

花が咲きそうな
太さの枝

養分を集中さ…

このままでは、細かな枝先からたくさんの小枝が出て、養分が分散してしまう。芽の出るところを2〜3芽に集中させ、咲きやすい枝を出させる。

小枝に使う養分を切ることで、太い枝に養分を集中させる。

花が咲きそうな
枝の目安

・ある程度の太さがある。
　（前年によく観察すること）
・赤くぷっくりした芽は、
　花が咲きやすい。

完成

枝先を均等に配置。赤枠内の枝が咲く見込み。

アーチの左側と同様に、右側も剪定・誘引が済んだ状態。

花が咲いたところ

Aは p.23 で細い枝を誘引した部分。葉が茂って養分を作り出す役目をする。下がぽっかり空くをの防ぎ、見映えもよい。

Bは p.24 で花を咲かせるために、太い枝を残した部分。見事に大きい花が咲いた（5 月 13 日）。

アーチの種類 ※Cタイプ～Eタイプの説明(→p.88)

つるバラは年月を重ねて大きく成長します。
バラが咲いたとき、伸びたときに通れなくならないよう、
間口が広めのものにしましょう。
また、太くなった枝の反発力に耐えられるように、
壊れにくい耐久性も考慮します。あまり安いもの、軽いものは、
バラがきれいに咲き揃う5年後には壊れはじめることも。

Eタイプ
のバラ用

寸法：高さ213cm×外幅226cm(内幅202cm)×奥行100cm
材質：無垢鉄材
色：ブラック/ホワイトアイボリー
ベルツモアジャパン(JDA-2300)

バラの種類を選ばない、
万能タイプの
大型アーチです。

それぞれのアーチと相性のいいバラ → p.89～91   27

錆の心配がないので、
塗り直しも不要。
葉が落ちた後の
冬姿も美しい。

Cタイプ
のバラ用

寸法：高さ263cm（埋め込み部30cm含む）×
幅125cm×奥行61cm
材質：塩化ビニル（PVC）
色：ホワイト
アーバーライフ（VA-arch）

値段の割に、
装飾性、耐久性が高く、
花が咲いたときの姿も、
厚みがあって豪華。

Cタイプ
のバラ用

寸法：高さ250cm（埋め込み部20cm含む）×
幅約131cm×奥行40cm
※間口：地上高約207cm×幅約112cm
材質：鉄材
色：ブラック
タカショー（GSTR-AR01 31796700）
※p.14で使用

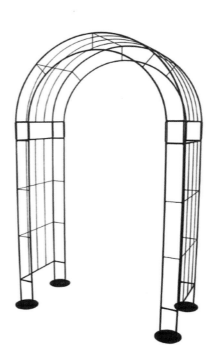

もっとも人気のあるサイズ。
耐久力抜群。
長生きなつるバラでも安心。

Cタイプ
のバラ用

寸法：高さ200㎝×外幅120㎝（内幅96㎝）×奥行50㎝
材質：無垢鉄材
色：ブラック/ホワイトアイボリー
ベルツモアジャパン（DA-1200）

前面に装飾があり、
バラが小さいうちでも
寂しくならない。
いくつか並べれば、
長いトンネルも作れる。

Cタイプ
のバラ用

寸法：高さ271㎝×幅134㎝×奥行38㎝
材質：ロートアイアン
色：ブラック
オンリーワンクラブ（JB3-35359）

「シンプル イズ ベスト」
という方に。
安くて実用本位。

Cタイプ
のバラ用

寸法：高さ210cm×幅100cm×奥行52cm
材質：無垢鉄材
色：ブラック
GREEN GARDEN（No.217 ）

限られた
スペースでも使える
超薄型。

Dタイプ
のバラ用

寸法：高さ260cm（埋め込み部40cm含む）×内幅150cm×奥行29cm
材質：無垢鉄材
色：：ブラック/ホワイトアイボリー
ベルツモアジャパン（A-290）
※p.22で使用

間口が広くて
存在感ばっちり。

Dタイプ
のバラ用

寸法：高さ260cm（埋め込み部40cm含む）×
内幅150cm×奥行50cm
材質：無垢鉄材
色：ブラック/ホワイトアイボリー
ベルツモアジャパン（A-500）

つるバラに合う宿根草

バラの株元やアーチの下部に花が咲かず、寂しくなってしまうことがよくあります。
そんなときは、宿根草を植えることをおすすめ。
宿根草は一度植えておけば、毎年、可憐な花を次々に咲かせてくれます。
バラの花を引き立ててくれる名脇役となり、
庭の風景に広がりと、新たな価値が生まれます。

図鑑の見方

宿根草をa～eの5タイプに分類しています。
バラや庭の状況に合わせて、最適なものを選びましょう。

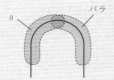	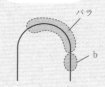	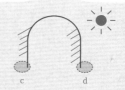	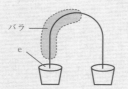	

a バラと対にして
アーチに絡める
なら

b バラの株元から
新しいつるが
出なくなったら

c 庭植でアーチの
足元を飾るなら
（日があまり
当たらない所）

d 庭植でアーチの
足元を飾るなら
（日差しが
強い所）

e 鉢植の
つるバラと
混植するなら

涼やかな細い花弁。何度も返り咲く

クレマチス「アフロディーテ　エレガフミナ」

花期：5〜10月　　　　花径：6〜9cm
伸長：約150〜200cm　日照：日なた

濃紫の大輪が、ひときわ目を惹く

クレマチス「セム」

花期：6〜10月　　　　花径：12〜14cm
伸長：200〜300cm　　日照：日なた

オベリスクやフェンスと相性がいい

クレマチス「ユーリ」

花期：5〜10月　　　　花径：6〜9cm
伸長：150〜200cm　　日照：日なた

やや矮性で、花がびっしり咲く

クレマチス「ピール」

花期：5〜9月　　　　　花径：9〜12cm
伸長：100〜150cm前後　日照：日なた

明るいブルーで、シャープな花弁

クレマチス「ロワール」

花期：5月　　　　　　花径：8〜12cm
伸長：100〜200cm　　日照：日なた

花つき抜群。個性的な花

クレマチス「火岳」

花期：5〜7月　　　　　花径：9〜11cm
伸長：100〜150cm　　日照：日なた

早春に開花。秋に黄葉する

クリスマスローズ（ゴールドネクタリー系）

花期：早春〜春	花径：5〜10cm
草丈：50cm前後	日照：明るめの日陰

背が高めで、秋までよく咲く

ジギタリス「ニーハイ ブラッシュ」

花期：5〜11月	花長：約6cm
草丈：50〜80cm	日照：日なた（夏は半日陰）

四季を通じて、葉色が楽しめる

ヒューケラ「カラメル」

花期：5〜6月	葉色：オレンジ系〜ブロンズ系
草丈：40cm前後	日照：半日陰〜明るい日陰

カラーリーフや、白花・桃花もある

プルモナリア

花期：3〜5月	花径：1cm
草丈：10〜40cm	日照：半日陰〜明るい日陰

花がらを切り戻せば、秋までよく咲く

エキナセア「バタフライ キッス」

花期：5〜11月	花径：6cm
草丈：45cm前後	日照：日なた

風になびく、白い咲き姿が優美

エキナセア「フラダンサー」

花期：5〜10月	花径：10cm
草丈：70〜100cm	日照：日なた

常緑で大型のグラウンドカバー

カレックス「エヴァリロ」

花期：4〜5月	花：あまり観賞価値はない
草丈：40〜50cm	日照：日なた〜半日陰

常緑の斑入り葉で、可憐な白い花も咲く

シスタス「ミッキー」

花期：5月	花径：4cm
背丈：30〜70cm	日照：日なた〜半日陰

コンパクトな株姿。花期が長い

ネペタ「ジュニアウォーカー」

花期：5〜10月	花穂長：8cm
草丈：35〜50cm	日照：日なた

野草のような素朴な花。花期が長い

バーベナ リギダ

花期：6〜9月	花房径：4〜5cm
草丈：30〜40cm	日照：日なた

常緑のシルバーリーフ。春の花も鮮やか

フレンチラベンダー「プリンセスラベンダー」

花期：5月	花穂長：5cm
草丈：30〜50cm	日照：日なた

多くの花が次々に咲く。花色も豊富

ヘメロカリス

花期：5月中旬〜8月	花径：6〜30cm
草丈：30〜180cm	日照：日なた

秋の陽に光る、繊細な穂が美しい

ミューレンベルギア カピラリス アルバ

花期：9〜10月	花穂長：40〜50cm
草丈：80〜100cm	日照：日なた

花期が長く、たおやかな姿が魅力

宿根リナリア

花期：6〜10月	花穂長：20〜40cm
草丈：60〜100cm	日照：日なた

春・秋の2回出る濃紫の葉が、アクセントに

オキザリス ミーケ（紫の舞）

花期：6〜11月	花径：2cm
草丈：20cm	日照：日なた

薄く広く繁茂するグラウンドカバー

ヒメツルソバ

花期：4月／10〜12月	花房径：7mm
草丈：50cm（つるの長さ）	日照：日なた、半日陰

鮮やかな花色に、斑入りの葉がおしゃれ

ヒメツルニチニチソウ

花期：4〜5月上旬	花径：4cm
草丈：1cm（つるの長さ）	日照：日なた、明るい日陰

株広がりがよく、グラウンドカバーに最適

ラミウム

花期：5〜6月	花の長さ：1cm
草丈：10〜40cm	日照：半日陰

アーチの仕立て方 Q & A

Q アーチのバラが伸び過ぎています。どこから手をつけたらいいのかわかりません。

A バラは1本でもアーチに誘引することで、各場所でのバラの枝の出方や、出た枝の重要度が変わります。A〜Fのパーツに分けて、各パーツから伸びた長く充実した枝①と、短め、細めの枝を②として、それぞれの対応を解説します。

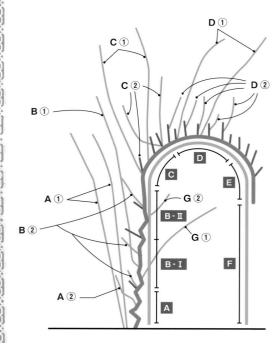

凡例:
- 前年に誘引した枝
- 春に咲いた枝
- 花後伸びた枝

A 株元：品種によって6年を過ぎたころから枝が出にくくなり、葉もなくなりやすい部分です。

A① 今後の主力になる枝で、滅多に生えないので大切に扱います。今後数年で、いま誘引してある枝と切り替えて若い元気な枝を増やしていく役割があります。ただし、このような太い枝は半分から先にしか花が咲かないので、生え際には咲きません。

A② 枝が少ないので、花が咲きにくい部分です。花が咲きそうな太さの枝であれば積極的に残して誘引。もしくは、2芽残して切り、咲かせるようにします。

※枝が出なくなった場合は、日当たりが悪いか、品種選びが原因です。見栄えをよくするには、草花などで隠すのも対策のひとつです。

B アーチの脚の部分：下に行くほど枝が減りやすい部分です。花が咲きそうな太さの枝は積極的に残します。

B① 大切に長く伸ばして誘引します。

B② B-I B-II のエリアで対処が変わります。下半分 B-I は新しい枝が出にくい部分で、丸坊主になりやすいため、寂しくならないように、なるべくとっておきます。B-II は枝が多めの部分ですから、花が咲かなそうな細い枝はすべて処分。咲きそうな枝は誘引する場所があれば倒して誘引。枝が多過ぎる場合は、2芽残して短くして咲かせます。このエリアから芽吹かなくなったら、枝咲きでつるが短いクレマチスで覆うと、見栄えがよくなります。

C アーチの肩の部分：もっとも枝が伸びやすく、ぼうぼうになる部分です。

C① D エリアに誘引することで、たくさんの花を咲かせられる枝ですから、大事にします。この枝がたくさん出たら、D E エリアの枝を秋に根こそぎ切り捨て、C①の枝で冬に全て切り替えるように誘引し直すと手間なく、美しく、病害虫も減ってスマートです。

C② C②の枝、C①が誘引しきれない場所があれば、咲きそうな太い長い枝から優先して誘引しますが、あまりに多ければ2芽残して切り戻します。その上で新芽が開いて葉同士が密に重なり合うようであれば、均等に花が咲くように枝をさらに間引きます。

D 誘引した枝が水平になる部分：養分が分散してたくさんの細かい枝が出てたくさんの花が咲きます。その分長い枝が出にくいエリアです。

D① C①がこのエリアを覆い尽くすほどあれば、秋に前年の枝ごと切って処分。C①が少なければ、この枝をアーチの反対側の E F エリアに誘引して咲かせます。E F エリアに誘引する場所がなければ、いくら太くても2芽ほど残して切ります。

D② C エリアから誘引する枝が少なければ、咲かない細い枝は生え際から処分。咲きそうな太さの枝は2芽残して切ります。

E 反対側の肩：垂れるように誘引した枝は春に咲くものの、秋にかけて弱りやすいです。原種に近い一季咲の品種ではさらに伸びますが多くは枯れ込んでくるので、丸ごと切り捨てる部分です。

F 反対側のアーチの脚：ほとんどのバラはここまで伸びません。「フランソワ ジュランビル」（p.99）など垂れても枝が伸び続ける系統、「モッコウバラ」（p.112）やナニワイバラなどの野生種では、垂れた枝でもカバーできます。

G アーチの内側に伸びた枝：アーチの内側に誘引もできますが、年月とともにアーチと自身の枝で絡み合い、誘引しにくい状況になりがちです。可能であれば、誘引のたびに引き出して誘引したほうが、誘引したい場所に誘引しやすくなります。経験を積むと「ここから生えたら引き出せない」ことがわかってきます。枝が極力若いうちに、根元から欠き取るようにして、この分の養分を他の枝の成長にまわすようにしましょう。

PART 2

バラの
フェンスを
作る

たくさんの花が、一面に咲き誇って……。
圧倒されるような景観を、
手軽に作ることができます。

剪定・誘引をする

フェンスはもともとあるものを利用する場合がほとんどでしょう。フェンスの高さが180cm以上あれば、多くのつるバラが楽しめます。腰の高さのフェンスでは、限られた品種だけになるので注意します。

ベーサルシュートは、しなった所から枝分かれして、長く伸びなくなる。

株元から伸びた2本の太くて長い新枝(ベーサルシュート)

昨年誘引した長い枝。春に花が咲き、夏～秋に新しい若枝が伸びている。

「ブラン ピエール ドゥ ロンサール」(→p.117)を剪定・誘引する前の状態(12月8日)。

太くて長い、新しい枝は、特等席へ誘引する

バラは、新しい枝と古い枝が入れ替わるようにして成長する。
立派な新しい枝はなるべく残しておく。

ベーサルシュート(根元)　　ベーサルシュート(枝先)

太い枝が生えたら、折れないように伸びている方向へ秋までにフェンスに仮留めをしておく。この枝が、この先何年も花を咲かせる中心の枝となる。
株元から生えるものをベーサルシュートというが、株が大人になると古いベーサルシュートの途中からも多くの太い枝を生やすようになる。
植物は上へ伸びるので、枝を曲げるほどストレスがかかって弱る。株が若いうちは、よく日の当たるフェンスの上のほうへ誘引する(1月5日)。

細めの枝は、先端を切って花を咲かせる

細めの枝は花を多く咲かせられない。枝が上向きなら、切り口に咲くので思い切ってカット。

枝が細過ぎて、花は咲かない。

A

B

AからBの間は花が咲く太さの枝。
ここであれば、枝先に1輪は
咲かせることができる。

2〜3芽残して切るBが基本で、フェンスに沿って整然と咲かせることができます。しかし、枝が堅い品種でたおやかさを演出したいときはAの位置で切るなど、あえて枝を長く伸ばして切っても構いません。

 # バラの成長の仕方を見極める

バラの成長の仕方を見極めながら、剪定・誘引を進める。

> **Point**
> バラを植えて最初の年から3年の間は、日がまんべんなくあたるようなら、枝は切らずに残す。

C

B

A

1 咲かない細い枝を次々に伸ばし、光合成によって栄養を作り出す[Aの枝]
2 「A」の枝の養分で、「B」の枝を育てる
3 「A」と「B」の枝の生み出す養分で、「C」の枝を育てる
4 「B」と「C」の陰となった「A」は、枯れていく

枝をすべて引き出してから、剪定する

フェンスに枝が編み込まれたまま誘引すると、次の2つのリスクが生じます。
①1～2年後、花を咲かせたい位置に枝を誘引できなくなることが多い。
②枝が年々太っていき、フェンスがひしゃげてくる。

枝の太さによって、剪定箇所を変える

枝を切る位置の判断基準

大きい花（10cm以上）は、鉛筆（ペン）の太さ以下では咲きにくくなる。ペンをかざした部分の太さが、枝を切るボーダーライン。切っても切らなくてもよい。
今回はまだ木が小さいので、この枝は長いまま残しておく。
このように縦縞のある枝は、冬に耐える証拠。

ペンの太さがあっても、冬の寒さに耐えられないみずみずしい柔らかな枝は、つけ根を1～2cm残して、剪定バサミで切る。
温暖地であれば、この短い枝からも、花が咲く枝が出てくる。

細い枝の剪定

竹串より細い枝は、枝元を5mmほど残して、枝先を剪定バサミで切る。

細めの枝の剪定

割り箸～鉛筆くらいの太さの枝は、枝元を2～3芽だけ残して、枝先を剪定バサミで切る。

剪定の計画を練る

細い枝を切り、太い枝の葉をすべてむしり取る。枝だけの状態にしてから、誘引のプランを立てる。

「A」がもっとも太い枝なので、必ず長く残す。この枝を水平に誘引すると多くの花が咲く。誘引する場所がないと感じたら「C」で切る。今回は「C」を切らずすべての枝を使う。「B」は誘引し、「D」は切り口から花を咲かせる。

麻ひもを二重にしてから結ぶ

麻ひもを二重にして枝を固定すると、枝の跳ね返りが少なく、麻ひもを結びやすい。

若過ぎて柔らかい枝は、枝から 2cmほど残して切り落とした。

Zoom

 若過ぎる柔らかい部分は、切り落とす

Before

秋に伸びた
柔らかい枝の部分 ▲

▲ 極太の
ベーサルシュート

After

枝と枝の間隔を空けて、重ならないように誘引する

新しく太い枝ほど、勢いを保つように、強く曲げないようにする。古い枝や弱い枝は、下部へ誘引する。
葉が大きな枝ほど間隔を空ける。

x

必ず株元から枝先の順で誘引する

x

株元の枝を整理する

まわりの太い枝に囲まれて、日の光が十分に当たらない。そして、細くて花が咲きそうにない枝なので、生え際から剪定バサミで切る。

フェンスから離れるように生えた枝を誘引する

1　枝は無理に曲げずに、折れないように誘引するのがポイント。

2　フェンスから離れた枝は、他の枝と同じように面に揃えるのが理想。一気に無理して曲げると、生え際から枝が折れるので、これが限界。

株元にも花を咲かせる

株元には花が咲きにくいので、鉛筆の太さ前後の小枝は大切にする。誘引するか、埋もれない位置で剪定する。

年数の経った弱い枝は、若い元気な枝へと世代交代させる

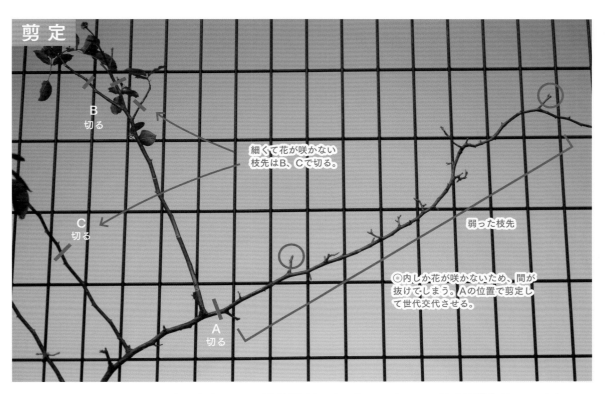

剪定

B
切る

C
切る

A
切る

細くて花が咲かない
枝先はB、Cで切る。

弱った枝先

◎内しか花が咲かないため、間が
抜けてしまう。Aの位置で剪定し
て世代交代させる。

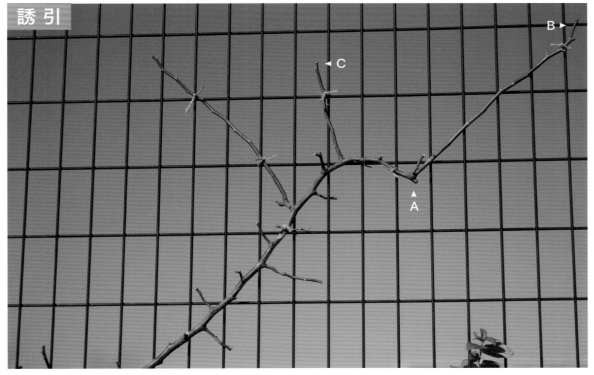

誘引

B ▶

◀ C

▲
A

弱った枝をAで切り、若々しい枝（B、C）に代える。

株元からびっしり、見事に花が咲いた (5月20日)

大きな花は太い枝ほど咲くので、細い枝は切りました。「ブラン ピエール ドゥ ロンサール」（p.46
〜47）の大輪の剪定・誘引の仕上がりと、「レイニー ブルー」（p.76）の中輪の仕上がりを見比
べてみましょう。残す枝の密度、誘引の間隔がまったく異なることがわかるはずです。

フェンスの仕立て方　Q＆A

Q｜腰の高さの長いフェンスがあります。
　　どのようなバラがおすすめですか

A　「アルベリック バルビエ」や、「フランソワ ジュランビル」などははい広がる
ようなつるが伸び、このような場所に使えるのですが、長く伸びる分、注意が
必要です。バラは自分からフェンスに絡まって伸びるわけではありません。自
由気ままに伸びたつるを人の手で望ましい場所に誘引して結んでいく作業が必
要です。

　植える場所によっては、長いつるが公共の場所や、庭の通路にたくさん次々
と半年の間伸び出してきます。まめに仮誘引して迷惑がかからないようにしま
しょう。

　まめに誘引しなくてもいい方法としては、小型のトレリス向きの半つる性品
種、または直立、半直立性の完全四季咲性の花壇用のバラを列植する方法です。
特に後者は、初心者でも花が十分楽しめる品種が近年増えてきました。

「アルベリック バルビエ」（→ p.114）

「フランソワ ジュランビル」（→ p.99）

···· PART 3 ····

バラの
オベリスクを
作る

狭いスペースでも仕立てられ、
存在感あふれるアクセントに。
ポール仕立てにも応用できます。

オベリスクを設置する

バラは大きく育つものが多いので、オベリスクは高さ250cmくらいの丈夫なものが安心です。

◆用意するもの

オベリスク
ブロック
スコップ
シャベル
セメント※
バケツ
水（規定量）
棒

＊以下は、なくても問題はないが、あるとバラの根張りがよくなるもの。

完熟堆肥
元肥

※ホームセンターには、水を規定量注ぐだけで使えるセメントがいくつか販売されています。30分から数時間で固まる「速乾セメント」と1〜2日かけて固まる「ドライモルタル」などです。前者はDIYの時間がなかなか取れない人におすすめですが、みるみる硬くなって扱いにくいので注意。時間がある方は後者のほうが心に余裕をもって取り組め、当日のやり直しも簡単なので、初心者はこちらがおすすめです。

1 土を深さ40cmくらいまで、スコップで四角く掘る。

2 ブロックを置き、オベリスクの位置決めをする。ブロックは、広めに配置したほうが安定する。

3 ブロックの上から手で押し、軽く固定させる。

4 ブロックの穴に、シャベルでセメントを入れる。

5 シャベルで、セメントをつめ込み、表面をならす。

6 オベリスクの下部をセメントに刺す。

7 オベリスクの下部とセメントの間の穴を、棒で突きながら埋める。

8 セメントが乾いたら。オベリスクの上段をセットする。

9 　スコップで土を埋め戻す。

10 　ついでに堆肥を加え、土づくりをしながら埋め戻すと、バラの根張りがよくなる。

11 　シャベルでさらに元肥を加えて土と軽く混ぜ合わせ、さらにスコップで土を埋め戻す。

12 　粗い土のすき間を詰めるように、スコップを刺し、設置は完了。

Rose & Plant

バラを植える

バラの枝を目的の場所に誘引しやすくするため、オベリスクから離れてつるが伸びるようにオベリスクの明るい側（一般に南側）に植えます。これにより誘引前のつるを引きずり出す手間が軽減されます。

◆用意するもの

新苗の「シンデレラ」（→p.94）
スコップ
シャベル
ジョウロ
土壌改良剤※1
元肥※2
麻ひも

※1：土壌改良剤としては完熟の牛（または馬）ふん堆肥がおすすめです。
※2：元肥としては生の乾燥油粕2カップほど（厳冬期のみ使用可）、油粕主体の玉肥、元肥表記のある肥料を規定量使用。庭植では土を育てる有機肥料、鉢では虫やカビが出ない無機肥料がおすすめです。いずれも冬期は根に多少ふれても問題ありませんが、他の季節は根に直接ふれないように庭土で薄く仕切っておきます。

1 スコップで南側に、直径40cm、深さ40cmの穴を掘る。

2 元肥と堆肥を入れる。

3 スコップでこれらと土を軽く混ぜ合わせ、さらにスコップで土を埋め戻す。

4 2〜3を繰り返し、スコップで土を埋め戻す。

5 成長期は根を崩さず、オベリスクの縁から15cmほど離して置く。枝がまだ弱いので、接ぎ口を地面の高さに合わせて植える。

6 根鉢のまわりに、元肥を入れる。

55

7 　シャベルで土を埋め戻す。

8 　苗のまわりに、土手を作る。

9 　ジョウロで土手の内側にゆっくりた
っぷり水を与える。土のすき間を埋
めるように、土を水で流し込む。

10 　土手を崩して、ならす。

11 　ジョウロで水を与えて、土のすき
間を埋め込むようにする。

12 　麻ひもで、バラをオベリスクに固
定する。成長すると枝が太くなる
ので、ゆったり結ぶ。

13 　花がらがある場合は摘む。

14 　苗が小さいので、枝は曲げずにま
っすぐ上へ伸ばして固定する。

15

バラを植え終えた状態。

Pruning & Invitation
❧ 剪定・誘引をする

バラには「巻きつけるタイプ」と、「細かな枝を全面に配するタイプ」があります。ここでは、後者の品種の作業を紹介します。

🌹 細かい枝を剪定し、葉を取り除く

D

C

B

A

1

オベリスクに対してまだ木が小さいので、ほとんど切らずに、まっすぐ上へ誘引する。もっとも元気な枝は、いちばん日の当たる所へ誘引する。
よい枝が4群ある。
A、B、C＝もっとも太い枝
D＝細かな枝が多い

「アミ ロマンティカ」（→p.92）は、枝を倒さなくてもよく咲いて枝も増えるので、初心者の方でも、美しいつる仕立てが簡単にできます（1月5日）。

このくらい細めの
枝でもよく咲いている

Bの枝先

2 ふくらんだ芽がついて花が咲きそうな太い枝
なら、2〜3芽を残して、剪定バサミで切る。
咲かなそうな細い枝は、1芽残して切る。

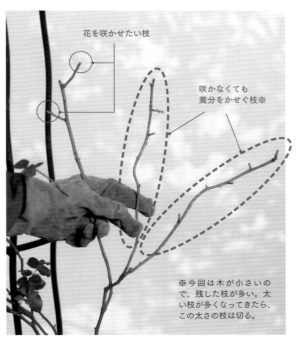

花を咲かせたい枝

咲かなくても
養分をかせぐ枝※

※今回は木が小さいの
で、残した枝が多い。太
い枝が多くなってきたら、
この太さの枝は切る。

3 細かい枝を切り終え、残ったわずかな
葉を手で取り除いた状態。

D

C

B

A

4

他の枝も、同じように切り
終えた状態。
BやDの細い枝は、Cの
ような太い枝を出すための
枝。Cは今回花をたくさん
咲かせる枝。今後、Cより
も太い枝でオベリスクが埋
まってきたら、BやDの
ような細い枝は切る。

全面に枝が配られるように誘引する

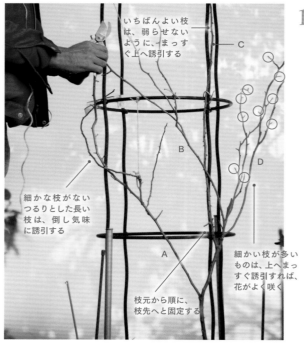

いちばんよい枝は、弱らせないように、まっすぐ上へ誘引する

C

B

D

細かな枝がないつるりとした長い枝は、倒し気味に誘引する

A

枝元から順に、枝先へと固定する

細かい枝が多いものは、上へまっすぐ誘引すれば、花がよく咲く

1 細かい枝がないつるりと長い枝は、らせん状にオベリスクに沿わせる。時計回りでも、反時計回りでも、どちらでもよい。枝は、なるべく斜めに倒すようにしながら、麻ひもで一本一本結んでいく。

麻ひもが抜けないように、又の下で結ぶ

2 枝がオベリスクの全面に広がるように誘引する。枝の長さが足りない場合は、麻ひもで補う。

3 他の枝も、同じように誘引する。

C

D

B

A

4 このオベリスクは、前面からしか見ない位置に設置しているので、背面に枝を配さず、たくさんの花が前面に咲くように誘引した。翌年の剪定・誘引時に枝が増えたら、背面にも枝を誘引するようにする。

花が咲いたところ

まだ株が小さいが、来年に
なると枝が増え、全面に咲
くようになる（5月25日）。

どのくらいの太さの枝
から生えた枝に、花が
咲いたかを見ておく
と、残す枝の太さがわ
かります。

オベリスクの種類

多くのオベリスクがバラに限らず苗用サイズで、数年たつと収まりきらなくなります。鉢植では小さめでも収まりますが、なるべく背の高いもの、強固なものが安心です。

※Aタイプ〜Dタイプの説明(→p.88)

大きさの比較

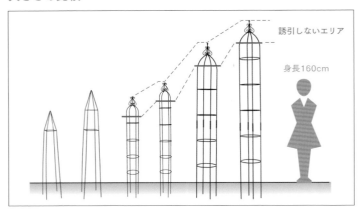

誘引しないエリア

身長160cm

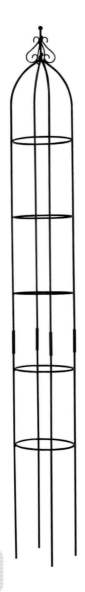

太めなので、
らせん状に誘引しやすく、
花がたくさん咲きやすい。
苗はオベリスクの
外側に植える。

Cタイプ
のバラ用

寸法:高さ236cm
(埋め込み部30cm含む、上部飾り17cm含む)×
直径30cm
材質:無垢鉄材
色:ブラック/ホワイトアイボリー
ベルツモアジャパン(OBS-2000)

Dタイプ
のバラ用

寸法:高さ272cm(埋め込み部30cm含む)×
直径32cm
材質:無垢鉄材
色:ブラック/ホワイトアイボリー
ベルツモアジャパン(OBS-2300)

それぞれのオベリスクと相性がいいバラ → p.89〜91

スリムなので、
開花枝が多少長くても
収まりがよい。
トップにある飾りが
花で隠れないように
誘引するとかっこいい。

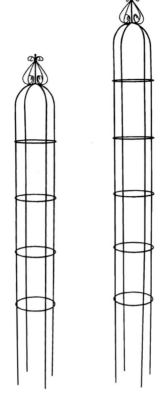

Bタイプ
のバラ用

寸法：高さ180cm
（埋め込み部20cm含む）×
直径19cm
材質：無垢鉄材
色：ブラック/ホワイトアイボリー
ベルツモアジャパン（MO-1800）

Aタイプ
のバラ用

寸法：高さ153cm
（埋め込み部20cm含む）×直径19cm
材質：無垢鉄材
色：ブラック/ホワイトアイボリー
ベルツモアジャパン（MO-1530）

鉢用として使いやすい設計。
苗が先に植えてあっても、
差し込みやすい。
また、オベリク内に株が
あっても、誘引しやすい。

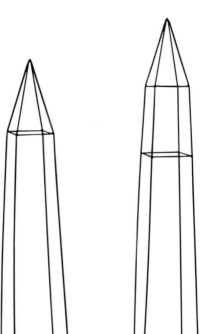

Aタイプ
のバラ用

寸法：高さ140cm
（埋め込み部約30cm含む）×
幅（2段目の四角部分）15.5cm
材質：無垢鉄材
色：ブラック/ホワイトアイボリー
ベルツモアジャパン（AK-1400）

Bタイプ
のバラ用

寸法：高さ170cm
（埋め込み部約30cm含む）×
幅（2段目の四角部分）18.5cm
材質：無垢鉄材
色：ブラック/ホワイトアイボリー
ベルツモアジャパン（AK-1700）

オベリスクの仕立て方　Q & A

Q │ オベリスクに向く、バラの特徴は？

A オベリスクにバラをたくさん咲かせるコツは、冬の誘引で前年に伸びた新しい枝でオベリスクを包み込むことが基本です。ですから、①巻きつけるなら、とても柔らかい枝の品種か、曲げやすい細い枝の品種を選ぶ。②巻きつけられなくても直立性で細い枝がたくさん出て、しかも枝が何年も長く生き続ける品種を、地道にオベリスクに閉じ込めていく、という2つの方法があります。花枝も短いものが向きます。

Q │ どのようなオベリスクがおすすめですか？

A バラの枝は年数が経つと太くなってくるので、柔らかい素材ですと誘引していくうちに変形しやすくなります。あまりに軽い、組み立てパーツが多いものは長もちしにくいものです。丈夫な部材のものを選びましょう。また、先端に飾りがついているものは、飾りを出したほうが格好がいいので、実際に誘引できる高さは20cmほど低くなります。また、当然ですが地面に埋め込む分の長さ30cmほどは誘引に使えません。
オベリスクの直径が30cm以下で植え込み後、高さが2m以下であればあるほど、対応する品種が限られます。逆に直径50cm以上・高さ3mあれば、大型のつるバラが対応可能です。

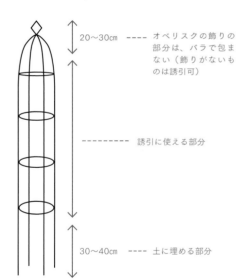

20〜30cm ---- オベリスクの飾りの部分は、バラで包まない（飾りがないものは誘引可）

--------- 誘引に使える部分

30〜40cm ---- 土に埋める部分

Q │ バラの苗は、オベリスクのどこに植えるのですか？

A 鉢植であれば、オベリスクの中に植えるしかありません。そのため、鉢用のオベリスクはつるを引きずり出して誘引しやすいよう、必要最小限の構造が望ましいです。庭植ならば、オベリスクの縁から15cmほど離して、オベリスクの中に長いつるが入り込まないようにします。可能なら、オベリスクから見て光がよく当たる側に苗を植えると、つるはオベリスクの内側に絡みにくくなります。

PART 4

バラの
トレリスを
作る

バラを小さな面として見せる仕立て。
トレリスをいくつか彩りよく並べれば、
フェンス仕立てのような演出もできます。

トレリスを設置する

ここでは鉢植の方法を説明しますが、トレリスと鉢を別々に購入すると、トレリスが鉢に入らないことがよくあります。鉢とトレリスが合うことを確認して、セットで購入しましょう。

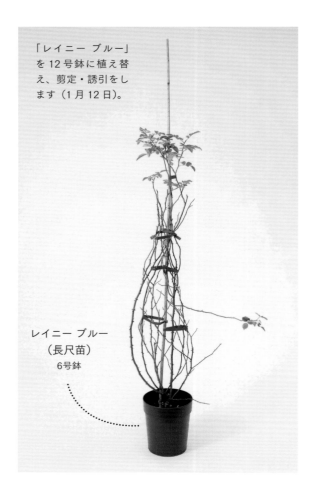

「レイニー ブルー」を12号鉢に植え替え、剪定・誘引をします（1月12日）。

レイニー ブルー
（長尺苗）
6号鉢

◆用意するもの

長尺苗の「レイニー ブルー」（→p.113）……1本（6号鉢）
トレリス（→p.78）
鉢…丸鉢12号
バラの培養土（18ℓ）……1袋
手袋

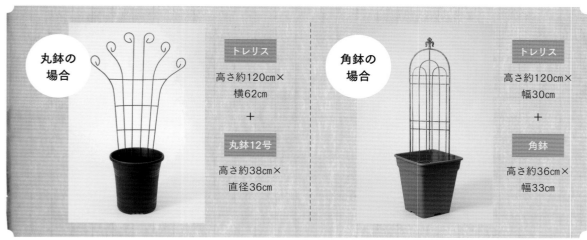

丸鉢の場合

トレリス
高さ約120cm×横62cm

＋

丸鉢12号
高さ約38cm×直径36cm

角鉢の場合

トレリス
高さ約120cm×幅30cm

＋

角鉢
高さ約36cm×幅33cm

1 新しい鉢に、バラの鉢植を入れ、ウオータース
ペース分の高さ（4cm）を空けて、培養土を入
れる高さを決める。

2 6号鉢の鉢苗がちょうど入る位置まで、袋から
直接、培養土を入れる。袋が重いなら、土入れ
を使う。

3 鉢ごと置いてみて、高さを確認する。

4 トレリスを鉢底までしっかり差し、固定する。

バラを植える

バラをのびのび育てるには、
まず根を伸ばすことが大切です。
培養土をたっぷり使って植えつけましょう。

◆用意するもの

長尺苗の「レイニー ブルー」（→p.113）
培養土
緩効性肥料（スティックタイプ）……4本
手袋

1
元肥用の緩効性肥料を入れる。

2
培養土と緩効性肥料を、手でよく混ぜる。

3 鉢の縁を平手で何度か叩き、鉢を外す。
根鉢は崩さないようにする。

4 トレリスの近く（奥側）に根鉢を置き、
培養土を加えて表面をならす。

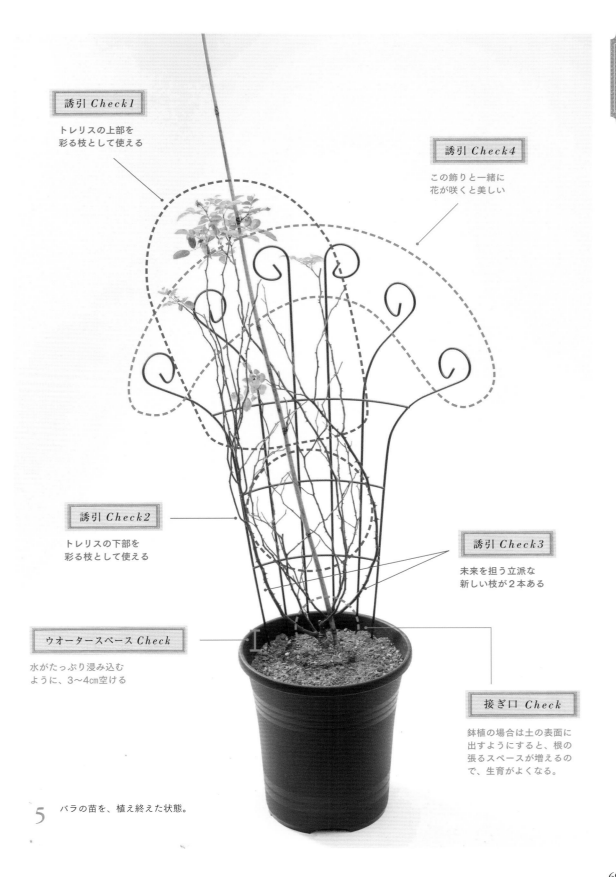

誘引 *Check1*

トレリスの上部を
彩る枝として使える

誘引 *Check4*

この飾りと一緒に
花が咲くと美しい

誘引 *Check2*

トレリスの下部を
彩る枝として使える

誘引 *Check3*

未来を担う立派な
新しい枝が2本ある

ウォータースペース *Check*

水がたっぷり浸み込む
ように、3〜4cm空ける

接ぎ口 *Check*

鉢植の場合は土の表面に
出すようにすると、根の
張るスペースが増えるの
で、生育がよくなる。

5　バラの苗を、植え終えた状態。

剪定・誘引をする

花の咲く枝を、まんべんなくトレリスに配分しましょう。株元に咲く枝を残すようにするのがコツです。

 ## トレリスの誘引のポイント

1 誘引の順序

誘引は根元から枝先へ向けて順に行う。また、太くて新しい枝を優先しつつ、トレリスの幅いっぱいに使って誘引します。

2 長いつるっとした枝はなるべく横に誘引

つるバラは、横にはわせると花つきがよくなる性質があります。トレリスの場合も、1本1本の枝を、なるべく横にはわせるようにしましょう。

3 枝が重ならないように誘引

枝が密集すると風通しが悪くなり、病害虫がつきやすくなります。剪定して枝を整理し、枝と枝が重ならないように誘引するのがコツです。

 ## 残す枝を見極め、剪定する

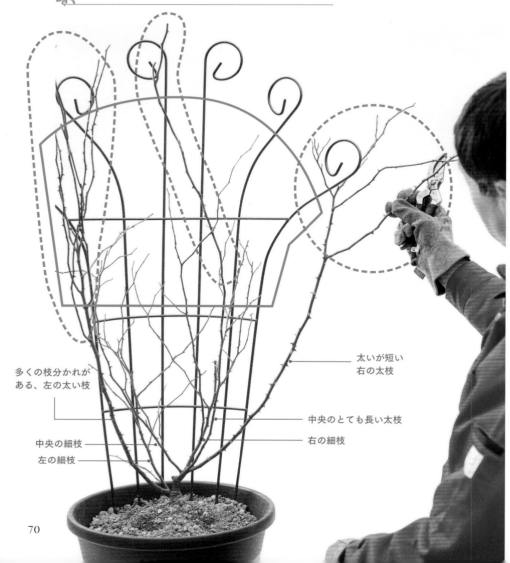

多くの枝分かれがある、左の太い枝

太いが短い右の太枝

中央のとても長い太枝

中央の細枝

左の細枝

右の細枝

青の破線で囲んだ枝に多くの花が咲く。これらを青の実線の枠内に収めるためには、どのようにすればよいかを考える。「レイニー ブルー」は、ようじのような細い枝でもよく咲くが、なるべく太い枝を優先して誘引する。

🌹 右の太枝の大まかな剪定

この枝はすべて残しておいても収まりきらないので、太い枝だけを残して、見通しを立てやすくしましょう。

1 右枝はトレリスの右端に誘引するため、内側へ向かう枝を見極める。

2 枝の分かれ目の、ぎりぎりの部分を、剪定バサミで切る。

🌹 左の太枝の大まかな剪定

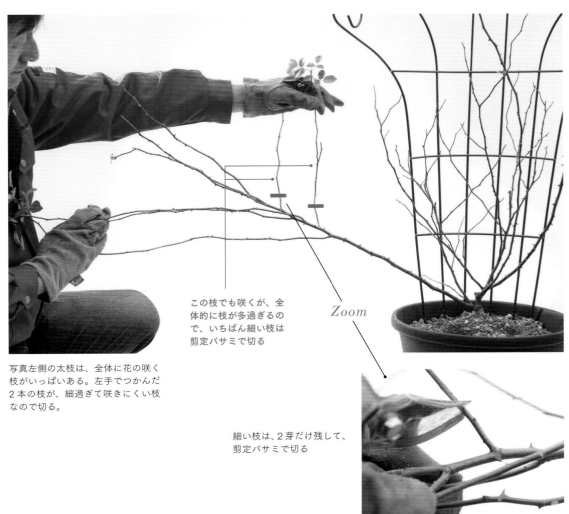

この枝でも咲くが、全体的に枝が多過ぎるので、いちばん細い枝は剪定バサミで切る

Zoom

写真左側の太枝は、全体に花の咲く枝がいっぱいある。左手でつかんだ2本の枝が、細過ぎて咲きにくい枝なので切る。

細い枝は、2芽だけ残して、剪定バサミで切る

誘引する

左の太枝

1 まずは、枝元を麻ひもで固定する。

2 ここで留めると、すべての枝がきれいに広がりそう。格子のクロスした部分を利用するとずれない。

3 ここで大切なのは3。いきなり4で留めようとすると、株が裂けやすい。

4 次の枝も同様に、枝元から結ぶ。

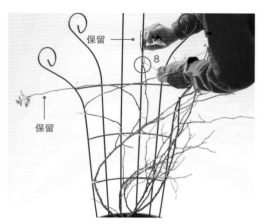

5 裂け防止の6で留めてから、花がよく咲くように枝を倒して7で固定する。

6 短めの枝を上へ伸ばし、真上をカバーしてもらう。先が読めないので、余った枝は保留に。

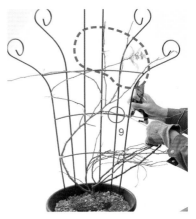

7 残りの枝で破線内をカバーしたい。まず株元に近い枝から誘引する。裂け防止の 9。

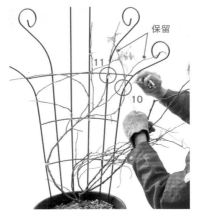

保留

8 枝が均等に広がるように、残りの枝元を留めてバランスを見る。

9 残りの枝で、スペースを埋めていく。

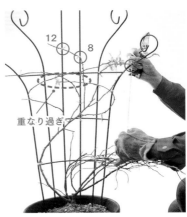

重なり過ぎ

10 重なり過ぎた枝は、剪定バサミで切る。

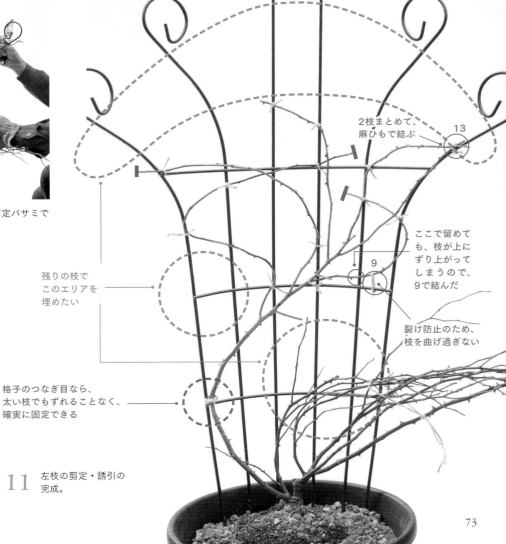

2枝まとめて、麻ひもで結ぶ

残りの枝でこのエリアを埋めたい

ここで留めても、枝が上にずり上がってしまうので、9で結んだ

裂け防止のため、枝を曲げ過ぎない

格子のつなぎ目なら、太い枝でもずれることなく、確実に固定できる

11 左枝の剪定・誘引の完成。

残りの太い枝を誘引・剪定する

右の太枝

絶対に枝が
ずれない所で結ぶ

1 まずは太い枝を株元から固定。枝がずれないように、格子の継ぎ目に麻ひもで結ぶ。

2 株元から順に結ぶと、美しく弧を描いて誘引できる。

3 枝が混み合うので、枝先を剪定バサミで切る。

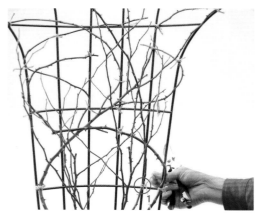

4 次に、長い枝は残った格子のクロスした部分の外側から留める。

中央の長い太枝

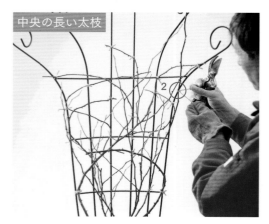

1 長い枝を上へ持っていきたいので、最短距離で上まで誘引。写真の2の部分を足がかりにする。

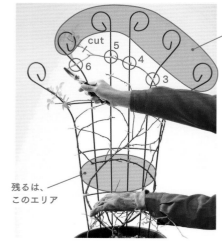

cut

この飾りが
見えるように、
3〜6を
誘引した。

残るは、
このエリア

2 枝元から順に枝先へ向かって固定。トレリスの飾りが隠れないようにする。

🌹 細い枝を剪定・誘引する

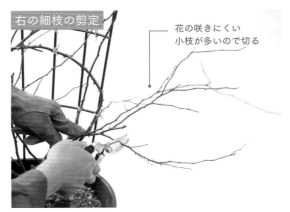

花の咲きにくい
小枝が多いので切る

右の細枝の剪定

1 下部をカバーするのに十分な枝があるので、細かい枝は短く切る。

これだけ残っていれば充分

2 切り終えた状態。

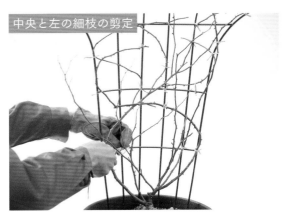

中央と左の細枝の剪定

1 残りの枝も、同様に切る。

ひとまず
剪定完了

2 矢印の枝が残した枝。これでトレリスの下部を埋めていく。

左の細枝の誘引

トレリスの格子がない場所では、他の太い枝に誘引する。破線のエリアで花が咲いてほしい。

中央の細枝の誘引

1 まずは長い枝を横に倒すため、左に寄せて固定する。

2 枝を横に倒すように誘引する。

右の細枝の誘引

1 写真の1の部分のまわりに花を咲かせるため、まずは枝を固定する。

2 長い枝を、下部で倒して誘引することで、たくさんの花を咲かせたい。

細く、誘引する所もない

切る

3 細過ぎる枝を切ることによって、切り口に栄養が集まり、花数が増える。

剪定・誘引する前は、細かな枝が多く、トレリスに収まらない様子。

⇒

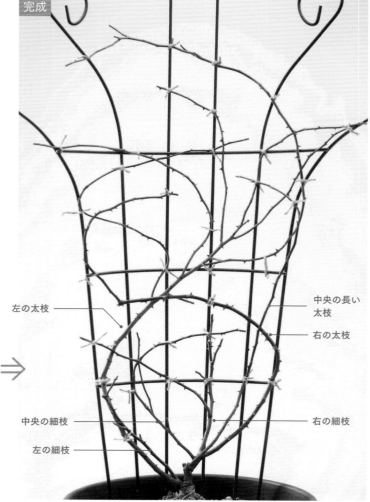

完成

左の太枝

中央の長い太枝

右の太枝

中央の細枝

右の細枝

左の細枝

トレリスに収まるよう、必要な枝だけを残した。また、枝がすき間なく均等に配分されている。

 花が咲いたところ

トレリスの前面に、花がびっしり均一に咲いた。トレリスの飾りが見えるのがおしゃれ（5月20日）。

Trellis & Choose
トレリスの種類

ここでは比較的きゃしゃで、鉢やコンテナ栽培で単独に使うものを中心に選びました。連結して使う場合は、しっかりとした支柱を立てて固定しましょう。

※Aタイプ〜Dタイプの説明（→p.88）

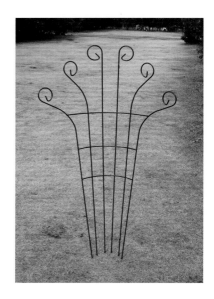

丸い鉢にフィット。
耐久性抜群。
小型のつるバラに。

鉢底の直径24cm以上
（多くの11号鉢以上）
に合う。
小型のつるバラに。

Aタイプ
のバラ用

寸法：高さ約120cm×幅63cm
材質：鉄材
色：ブラック
京成バラ園
（オリジナルトレリス「カーブ」）
※p.66で使用

鉢底の直径21cm以上
（多くの10号鉢）に合う。
小型のつるバラに。

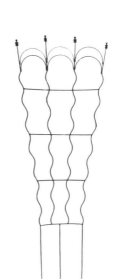

Aタイプ
のバラ用

寸法：高さ130cm（埋め込み部30cm含む）×
幅48cm（埋め込み部21cm含む）×奥行7.5cm
材質：鉄材
色：ブラック
大同クラフト（AST01-M130R）

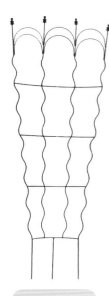

Bタイプ
のバラ用

寸法：高さ150cm（埋め込み部30cm含む）×
幅53cm（埋め込み部24cm含む）×奥行9cm
材質：鉄材
色：ブラック
大同クラフト（AST01-L150R）

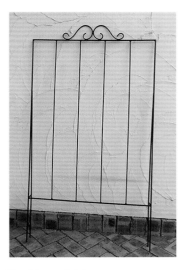

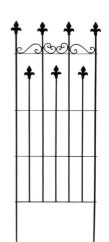

幅50cmほどの
プランターに。
小型のつるバラに

Aタイプ
のバラ用

寸法：高さ120cm
（埋め込み部25cm含む）×幅45cm
材質：鉄材
色：ブラウン
大同クラフト（KAF01-S120）

幅100cmほどの
プランターに。

Aタイプ
のバラ用

寸法：高さ150cm（埋め込み部30cm含む）
×幅80cm×奥行8cm
材質：無垢鉄材
色：ブラック/ホワイトアイボリー
ベルツモアジャパン（STL-1500）

幅100cmほどの
大型プランターに。
中型のつるにも対応の
大型トレリス。

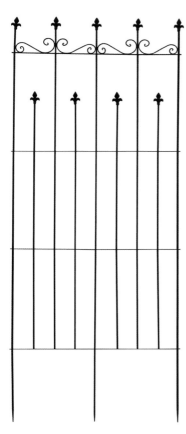

幅70cm以上の
プランターに。
装飾が多いので、
白い壁を背景に
するときれい。

Bタイプ
のバラ用

寸法：高さ約210cm×幅約60cm×
奥行約0.8cm
材質：鉄材
色：ブラック
タカショー（GSTR-RC17L 34485700）

Bタイプ
のバラ用

寸法：高さ222cm（埋め込み部40cm）×幅93cm
材質：鉄材
色：ブラウン
大同クラフト（KAF01-L220）

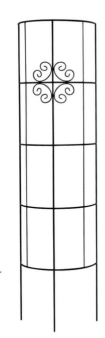

Bタイプ
のバラ用

壁際に立てると
おしゃれ。
地面に差したときの
安定感もいい。

Cタイプ
のバラ用

寸法：高さ200cm×直径50cm×
奥行26cm
材質：無垢鉄材
色：ブラック/ホワイトアイボリー
ベルツモアジャパン
(HO-2000)

寸法：高さ240cm×直径50cm×
奥行26cm
材質：無垢鉄材
色：ブラック/ホワイトアイボリー
ベルツモアジャパン(HO-2400)

何枚か庭に並べて
立てると、大きめの
つるバラにも
対応できる。

Bタイプ
のバラ用

Cタイプ
のバラ用

寸法：高さ240cm×
幅51cm×奥行11cm
材質：無垢鉄材
色：ブラック/ホワイトアイボリー
ベルツモアジャパン(SF-500)

寸法：高さ240cm×
幅76cm×奥行11.3cm
材質：無垢鉄材
色：ブラック/ホワイトアイボリー
ベルツモアジャパン(SF-750)

それぞれのトレリスと相性がいいバラ → p.89〜91

大型プランターで、
小さめのつるバラが似合う。
壁に立てかけるように
ハーフアーチ風に。

Bタイプ
のバラ用

寸法：高さ212cm（装飾含む）×
幅53cm×奥行30cm
材質：無垢鉄材
色：ブラック/ホワイトアイボリー
ベルツモアジャパン（CT-500）

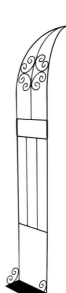

1対で幅100cmの
アーチ風にも使える。
先までつるを伸ばさなくても、
かっこいいので、
「鉢植＋小型のつるバラ」で
も収まりがいい。

Bタイプ
のバラ用

寸法：高さ212cm×幅53cm×
奥行30cm
材質：無垢鉄材
色：ブラック/ホワイトアイボリー
ベルツモアジャパン（HA-210）

アーチとしても使えなく
もないが、間口が狭い。
壁際に置いて、
中央に椅子を置いても
おしゃれ。

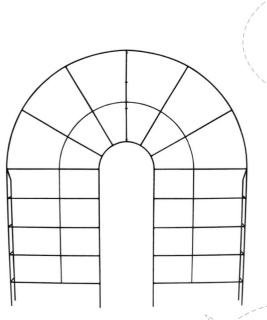

Dタイプ
のバラ用

寸法（約）：高さ217cm（内側高さ180cm）×
外幅149cm（内幅77cm）×奥行11.5cm
※プレート：幅40cm×奥行30cm
材質：無垢鉄材
色：ブラック/ホワイトアイボリー
ベルツモアジャパン（FA-800）

大型なので、
枝を横に寝かせることで
よく咲く品種のバラにも
使いやすい。
中央に女神像などを置い
てもおしゃれ。

Cタイプ
のバラ用

寸法：200.5cm
（埋め込み部20cm含む）×
幅179.5cm×奥行12cm
材質：無垢鉄材
色：ブラック/ホワイトアイボリー
ベルツモアジャパン（FF-2000）

トレリスの仕立て方 Q & A

Q | トレリスは、どのようなものがおすすめですか？

A よくある失敗が、目の細かなものを選んでしまうこと。枝が各所で食い込んで仕立て直しができなくなり、枝が太く生長する過程でトレリスが壊れてしまうことです。大輪のバラであれば格子の辺が20cm以上の粗いものにしたほうが苦労しません。
次に材質は、堅くてしなりのある鉄製がベストですが、その他の柔らかい材料であれば、いかに粗い格子であるかが大事になります。細い針金状の美しい装飾が多いものほど、株が大きく育ってから苦労するので注意が必要です。

Q | トレリスのぐらつきを直すには？

A 地植の場合は、太さ3cmほどの鉄パイプもしくは園芸用の支柱で両端を固定します。

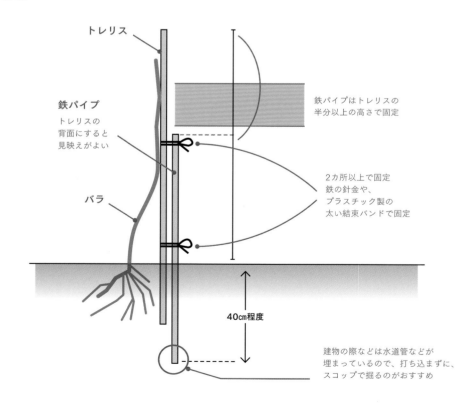

トレリス

鉄パイプ
トレリスの
背面にすると
見映えがよい

バラ

鉄パイプはトレリスの
半分以上の高さで固定

2カ所以上で固定
鉄の針金や、
プラスチック製の
太い結束バンドで固定

40cm程度

建物の際などは水道管などが
埋まっているので、打ち込まずに、
スコップで掘るのがおすすめ

···· PART 5 ····

つるバラの
品種の選び方

バラの品種選びは、じっくり慎重に。
花の魅力だけで選ばないことが、
成功への近道になります。

失敗しない、つるバラの品種選び

昔は「大型種」の品種が主流だった

つるバラといえば、車が通れるような大型のアーチや、
高さ2m以上のフェンスが主流でした。
枝がぐんぐん伸びて、短期間で立派に仕立てられますが、
小さい構造物には向かない品種が多かったのです。

> 大型の構造物には、
> 大型のつるバラが合う

昔の品種（特に大輪）は、枝を横に誘引するとよく
咲きました。そのため、フェンスやアーチに仕立て
ることで花もよく咲き、見事な景色ができました。
しかし、これらの品種は小さいフェンスやオベリス
クになるほど、枝が曲がらず、仕立てにくくなります。
小さい構造物には、「あまり枝が伸びない」「枝が細
くて曲げやすい」品種が向いています。ところが、
こんな品種は少なかったのです。
そのため、小さな構造物には枝が柔らかく長く伸び
る"一季咲"のランブラー系が使われました。「夢乙
女」がその代表です。そのほかには「モッコウバラ」
（→p.112）、「のぞみ」、「アルベリック バルビエ」
（→p.114）、「フランソワ ジュランビル」（→p.99）
などあります。
これらの苗は、か細いものが多いのですが、丈夫で
着実に大きくなります。1年に1回まとまって咲く
ので、その開花姿は最高に美しくなります。逆に、夏・
秋はつるが伸びるだけで咲きません。冬にたくさん
枝を切ると花が少なくなるので、8月上旬までに長
い枝をどんどん切り戻して、小さな姿を保つことが
必要です。
逆に、四季咲のバラなら枝が長く伸びず、秋にも花
が楽しめます。しかし、昔は丈夫で育てやすい、小
型の四季咲・半つるバラがほとんどありませんでし
た。そのため、大輪をなんとしても楽しみたいため、
無理に小型の構造物に詰め込んでいたのです。これ
は相当なテクニックが必要です。

> 同じ品種で、トレリスや
> オベリスクを作るには、
> 右図のような大きい
> 構造物が必要

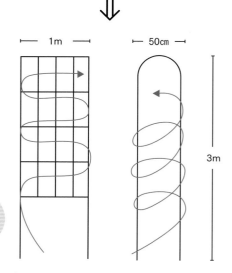

横に誘引するとよく咲く。構造物に十分な大きさがあ
れば、堅い枝でも曲げられる。

フェンスやオベリスクは、このように横
に寝かせながら誘引するが、フェンスや
オベリスクが小さくなるほど、枝が曲が
らず仕立てるのが難しい。

いまはコンパクトな「半つる性」「四季咲性」が多く流通

近年では枝があまり伸びずに返り咲く半つる性の品種や、
つる仕立てができる丈夫な四季咲の木立性品種が現れてきています。
狭い庭で、コンパクトに、長くバラのつる仕立てが楽しめるようになってきました。
つるバラに限らないところが重要です。

小型の構造物に合うバラの特徴
※すべての条件を満たす必要はありません

> 小さな構造物には、半つるバラや木立性のバラが合う。

枝が柔らかい

枝が堅いと曲げにくく、
オベリスクなどに向かない。
枝がほどほど柔らかいものが、
曲げやすくてよい。

開花枝が短い

春の開花枝が短いほど、
構造物に沿って密に花が咲き、
仕上がりが美しい。

返り咲、四季咲

一季咲は、冬に剪定すると
花芽を切り落として咲かないことがある。
返り咲や四季咲は、
冬剪定でどのように切っても、
何回も咲くほど、枝が長く伸びない。

縦に誘引しても咲く

縦に誘引しても咲くものは、
横に誘引しても咲くため、
どんな形やサイズでも仕立てやすい。

株元から生える枝が多い

枝が短くても枝が多いと、
花がコンパクトに多く咲きます。
このような場合は、
枝を立てて誘引してもよく咲きます。

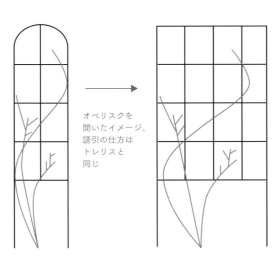

オベリスクを
開いたイメージ、
誘引の仕方は
トレリスと
同じ

オベリスクもフェンスも、
同じような形で枝を誘引できる。

構造物に合わせて、つるバラを選ぶ

もしくは、つるバラに合わせて構造物を選ぶ

好きなつるバラを選んで植えても、
構造物が合わなければ、長くつき合うことが難しくなります。
ここではアーチを基本にして、つるバラの選び方を紹介しましょう。

「構造物」&「つるバラ」のマッチング

基本の考え方

10年以上経っても、バラが構造物と同じくらいの大きさのままの品種（大き過ぎず、小さ過ぎず）を選びます。
地際からなるべくたくさん咲いて、構造物が花に包まれる品種を選びましょう。

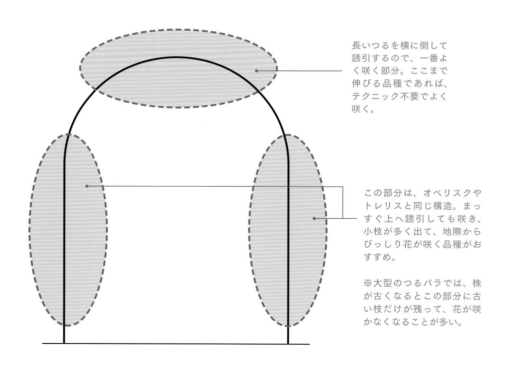

長いつるを横に倒して誘引するので、一番よく咲く部分。ここまで伸びる品種であれば、テクニック不要でよく咲く。

この部分は、オベリスクやトレリスと同じ構造。まっすぐ上へ誘引しても咲き、小枝が多く出て、地際からびっしり花が咲く品種がおすすめ。

※大型のつるバラでは、株が古くなるとこの部分に古い枝だけが残って、花が咲かなくなることが多い。

アーチのサイズ別 バラの組み合わせ例

※バラのタイプB〜Eは、p.88〜118参照

Bタイプのバラ（鉢植）
Cタイプのバラ（庭植）

・枝があまり伸びない半つる性や、直立木立性の「四季咲」
・縦に誘引しても咲く品種
・小枝が多い品種

Dタイプのバラ

幅150cm〜200cmの
フェンス向きの品種と同じ品種

＝

枝がほどほどに伸びる
「四季咲」「返り咲」の品種

なおかつ

枝をまっすぐ
縦に
誘引して咲く
品種

or

小枝が多く出る
品種ならば、
ここも咲くので
おすすめ

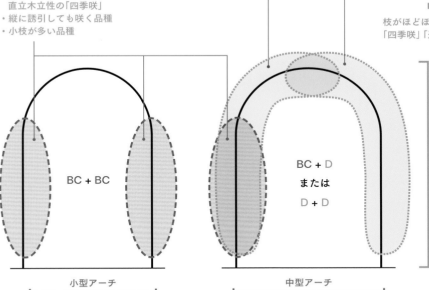

BC + BC

小型アーチ
幅 100cm〜 120cm

ほぼ、オベリスク、
トレリスと同じ品種で対応できる

BC + D
または
D + D

中型アーチ
幅 120cm〜 150cm

Dタイプのバラ

Bタイプのバラ（鉢植）
Cタイプのバラ（庭植）

Eタイプのバラ

幅300cm以上の
大型フェンス向き

↓

枝がとてもよく伸び、
大型化しやすい品種

D + D

中〜大型アーチ
幅 150cm〜 200cm

BC + E
または
D + E

※古株になるとここは咲きにくい

大型アーチ
幅 300cm以上

※Eの花が咲かなくなってきたら、足元にBCタイプのバラを
植えるか、bタイプのクレマチス（→p.32）を植える

バラのタイプ別　構造物のサイズ

	鉢植		庭植			
	Aタイプ	Bタイプ	Cタイプ	Dタイプ	Eタイプ	Fタイプ
アーチ		間口 1〜1.2m	間口 1〜1.2m	間口 1.2〜1.5m	間口 1.5〜2m	
オベリスク ※有効長= 全長-埋め込み-（飾り長＋10cm）	有効長 0.9〜1.1m	有効長 1.1〜1.4m	有効長 1.4〜1.8m	有効長 1.8〜2.2m	有効長 2.2m〜	
フェンス				H1.8m ×W2〜3m	H 2m ×W3〜5m	H 1.2m ×W 3〜4m
トレリス	H0.6〜1m ×W0.5〜0.8m	H1〜1.5m ×W0.5〜0.9m	H1.8m〜2m ×W0.5〜0.9m	H1.8〜2m ×W0.9〜1.5m		

H：高さ（埋込部分と飾り部分を除く）
W：幅

「バラ図鑑」の見方

バラの名前

育てやすさ

（若葉マーク）1個：
まあまあ作りやすい

（若葉マーク）2個：
作りやすい

（若葉マーク）
3個：放任しても勝手に育つ

アミ ロマンティカ

桜のような小花が降り注ぐように群れ咲く姿に惚れない人はいないはず。たおやかで繊細な枝ぶりだが、放任でもどんどん枝を伸ばし成長するたくましいバラ。枝を伸ばし続けて春に壁一面に咲かせても、夏まで切り続けて株を小さくすることができる。目線より上で楽しみたいので、大型のアーチやパーゴラに。

花径：7〜8cm
樹高（伸長）：1.5〜2m
作出：メイアン（フランス）2010年
寒地・高寒地のつる仕立て：伸びにくい

分類：S　開花：四季咲　芳香：中香
アーチ BC　オベリスク BCD　トレリス BC

バラの特徴

バラのデータ

ベストマッチの構造物

記号がグレー文字のものは、初夏までに新枝を切り、サイズダウンした場合に可能

分類（系統）

S（シュラブ）：半つる性（元気になるとつる化し、花壇仕立てにも可能）
CL（クライミング）：つる性の太めで長い枝が必ず出る（花壇仕立てには向かないもの）
R（ランブラー）：か細くてしなやかな長いつるが必ず出る
　（今回は一季咲のものを選んだ）細い枝でも将来は太く成長する
HT（ハイブリッド・ティー）：つる性の枝が出ない、大輪四季咲の自立する木立性
F（フロリバンダ）：つる性の枝が出ない、中輪四季咲の自立する木立性
SF（ソフトフロリバンダ）：つる性の枝が出ない、中輪四季咲だが、枝が柔らかく誘引できる
M（ミニチュア）：つる性の枝が出ない、小輪四季咲（ミニバラ）の自立する木立性
SM（ソフトミニチュア）：つる性の枝が出ない、小輪四季咲（ミニバラ）だが枝が柔らかくて誘引できる

開花

四季咲：春・夏・秋に開花する
　　　　（暖かい気温と日照があれば、冬にも咲く）
一季咲：春のみに開花する
返り咲：春に開花、夏や秋にも少しだけ咲く

バ ラ の 一 覧 表 （色別50音順）

頁	バラの名前	色	分類	開花	芳香	育てやすさ	鉢植			庭植			
							アーチ	オベリスク	トレリス	アーチ	オベリスク	トレリス	フェンス
92	アミ ロマンティカ	ピンク	S	四季咲	中香	🍃🍃	B	B	B	C	CD	C	
	アンジェラ	ピンク	S	返り咲	微香	🍃🍃	B	B	B	DE	DE		E
	オリビア ローズ オースチン	ピンク	S	返り咲	中香	🍃🍃				C		C	
93	ガートルード ジェキル	ピンク	S	返り咲	強香	🍃🍃🍃	B	B	B	CD	CD		EF
	桜衣	ピンク	S	返り咲	微香	🍃🍃	B	B	B	CD	CD	C	D
	サマーモルゲン	ピンク	SF	四季咲	微香	🍃🍃		AB	AB			C	C
94	ジャスミーナ	ピンク	CL	返り咲	微香	🍃🍃🍃	B		B	E	E		E
	シャリマー	ピンク	F	四季咲	中香	🍃🍃🍃		B		C	C	C	
	シンデレラ	ピンク	S	返り咲	微香	🍃🍃	B		B	C	C	C	
95	スパニッシュ ビューティー	ピンク	CL	一季咲	強香	🍃🍃🍃				E	E		E
	つる ヒストリー	ピンク	CL	一季咲	微香	🍃🍃🍃				E	E		E
	つる ローズ うらら	ピンク	CL	四季咲	弱香	🍃🍃🍃		B	B	CD	CD	C	D
96	ニュー ドーン	ピンク	S	返り咲	弱香	🍃🍃🍃				D	D		E
	羽衣	ピンク	CL	返り咲	弱香	🍃🍃🍃				E	E		E
	ハッピー トレイルス	ピンク	SM	四季咲	微香	🍃🍃		A	A				
97	春風	ピンク	CL	一季咲	微香	🍃🍃🍃				DE	DE		EF
	ハンス ゲーネバイン※	ピンク	S	四季咲	微香	🍃🍃			AB	D	C	C	D
	ピエール ドゥ ロンサール	ピンク	S	返り咲	微香	🍃🍃🍃				DE	DE		DE
98	ビバリー※	ピンク	HT	四季咲	強香	🍃🍃🍃		B	B	D	CD	C	E
	ピンク ドリフト※	ピンク	SM	四季咲	微香	🍃🍃🍃			A				
	ブラッシング ノックアウト※	ピンク	F	四季咲	微香	🍃🍃	B	B	B	CD	CD	C	D
99	フランソワ ジュランビル	ピンク	R	一季咲	中香	🍃🍃🍃	B※	AB※	AB※	CD※E	CD※E	C※	D※EF
	ブリーズ パルファン	ピンク	S	返り咲	中香	🍃🍃🍃	B	B	B	D	D		DF
	プリンセス ヴェール※	ピンク	F	四季咲	強香	🍃🍃		B		C	C	C	
100	フロキシー ベビー	ピンク	M	四季咲	微香	🍃🍃			A				

※最初の1～2年は長い枝が出にくいので、無理に誘引せず、自然樹形で二番花以降の蕾を摘んで茂らせておくほうが、早く長い枝が出る。
※小さく仕立てるため、夏までに剪定し、冬に誘引する枝を秋にしっかり伸ばしておく。

PART 5 つるバラの品種の選び方

頁	バラの名前	色	分類	開花	芳香	育てやすさ	鉢植			庭植			
							アーチ	オベリスク	トレリス	アーチ	オベリスク	トレリス	フェンス
	ペネロペイア	ピンク	S	四季咲	強香	🌿🌿	B	B	B	CD	CD	C	
	ポールズ ヒマラヤン ムスク	ピンク	R	一季咲	弱香	🌿🌿🌿	B※	AB※	AB※	CD※E	CD※E	C※	D※EF
101	マリア テレジア	ピンク	S	四季咲	微香	🌿🌿🌿	B	B	B	D	D	C	
	マリー ヘンリエッテ	ピンク	S	返り咲	強香	🌿🌿🌿				C	C	C	D
	芽衣	ピンク	CL	一季咲	微香	🌿🌿🌿	B	A※B	A※B	CD	C	C	CF
102	モーティマー サックラー	ピンク	S	返り咲	中香	🌿🌿				D	CD	C	D
	ラブリー メイアン※	ピンク	SF	四季咲	微香	🌿🌿		A	A				F
	ルミナス ピラー	ピンク	S	返り咲	中香	🌿🌿				D	CD		DE
103	レオナルド ダ ビンチ※	ピンク	S	返り咲	微香	🌿🌿		B	AB	CD	CD	C	DE
	ローズ ポンパドール	ピンク	S	四季咲	強香	🌿🌿🌿			B	DE			E
	ローゼンドルフ シュパリースホップ※	ピンク	S	四季咲	微香	🌿🌿				D	CD	C	DE
104	ウルメール ムンスター	赤	S	四季咲	微香	🌿🌿		B	B	DE	D		DE
	カクテル	赤	S	四季咲	微香	🌿🌿🌿	B	B	B	DE	DE	C	DE
	キャンディア メイディランド※	赤	SF	四季咲	微香	🌿🌿🌿		A	A				
105	グレーフィン ディアナ※	赤	S	四季咲	中香	🌿🌿🌿				DE	DE		E
	紅玉	赤	CL	一季咲	微香	🌿🌿🌿	B	AB	AB	CD	CD	C	DF
	スーリール ドゥ モナ リザ※	赤	S	四季咲	微香	🌿🌿				D	D	C	E
106	ノックアウト※	赤	F	四季咲	微香	🌿🌿🌿	B	B	B	CD	CD	C	D
	フロレンティーナ	赤	CL	返り咲	微香	🌿🌿🌿	B	B	B	DE	DE		E
	レッド レオナルド ダ ビンチ※	赤	S	四季咲	微香	🌿🌿🌿		A	A	CD	CD	C	DE
107	ロートケプヘン※	赤	S	四季咲	微香	🌿🌿		AB		D	D		E
	オランジュリー	オレンジ	S	返り咲	微香	🌿🌿		AB	B	C	C	C	D
	スージー	オレンジ	S	四季咲	強香	🌿🌿🌿	B	B	B	CD	C	C	DE
108	スター チェイサー	オレンジ	S	返り咲	微香	🌿🌿				C	C		DE
	アイスフォーゲル	茶	S	返り咲	強香	🌿🌿	B	B	B	C	C	C	D
	ローブ ア ラ フランセーズ	茶	S	返り咲	微香	🌿🌿				C	C	C	D
109	イルミナーレ	黄	S	返り咲	微香	🌿🌿🌿	B	B	B	CDE	CDE	C	DEF
	カール プロベルガー	黄	S	返り咲	中香	🌿🌿		B			D		DE

頁	バラの名前	色	分類	開花	芳香	育てやすさ	鉢植			庭植			
							アーチ	オベリスク	トレリス	アーチ	オベリスク	トレリス	フェンス
	快挙※	黄	F	四季咲	中香	🛡		AB	B	CD	C	C	DE
110	スマイリー フェイス	黄	CL	返り咲	微香	🛡🛡🛡	B	B	B	DE	DE		E
	ソレロ※	黄	SF	四季咲	中香	🛡🛡		AB	A	C	C	C	F
	つる ゴールド バニー	黄	CL	一季咲	微香	🛡🛡				DE	DE		E
111	つる ピース	黄	CL	一季咲	微香	🛡🛡🛡				E			E
	バスシーバ	黄	S	返り咲	中香	🛡🛡		B	B	D	DE		DE
	ベル ロマンティカ	黄	S	返り咲	中香	🛡🛡	B	AB	B	CD	CD	C	E
112	モッコウバラ（黄八重）	黄	R	一季咲	中香	🛡🛡🛡	B※	AB※	AB※	CD※E	CD※E	C※	D※EF
	リモンチェッロ※	黄	SF	四季咲	微香	🛡🛡		A	A		C	C	F
	オドゥール ダムール	紫	S	返り咲	強香	🛡🛡🛡	B	B	B	C	CD		DE
113	ペレニアル ブルー	紫	S	返り咲	中香	🛡🛡	B	B	B	C	CD	C	D
	ル シェール ブルー	紫	S	四季咲	中香	🛡🛡		AB	AB	C	CD	C	D
	レイニー ブルー※	紫	S	四季咲	微香	🛡🛡		A	A	C	C	C	F
114	アルベリック バルビエ	白	R	一季咲	中香	🛡🛡🛡	B※	AB※	AB※	CD※E	CD※E	C※	D※EF
	淡雪	白	S	返り咲	微香	🛡🛡		A	A	C	C	C	F
	伽羅奢（ガラシャ）	白	S	返り咲	微香	🛡🛡		A	A	C	C	C	F
115	グリーン アイス※	白	SM	四季咲	微香	🛡🛡		A	A				
	クリスティアーナ	白	S	返り咲	強香	🛡🛡🛡	B	B	B	CD	CD	C	E
	コスモス※	白	S	返り咲	中香	🛡🛡				C	C	C	
116	サマー メモリーズ	白	S	四季咲	微香	🛡🛡			B	D		C	DE
	新雪	白	CL	返り咲	微香	🛡🛡🛡				E			E
	つる アイスバーグ	白	CL	一季咲	微香	🛡🛡🛡				E			E
117	バニラ ボニカ	白	S	四季咲	微香	🛡🛡🛡			A	D	CDE		E
	ブラン ピエール ドゥ ロンサール	白	S	返り咲	微香	🛡🛡🛡				DE	DE		DE
	アメジスト バビロン	2色	S	返り咲	微香	🛡🛡		A	A	C	C	C	
118	キャメロット	2色	CL	返り咲	中香	🛡🛡🛡		B	AB	E	DE	C	EF
	サハラ'98	2色	S	四季咲	微香	🛡🛡	B	B		DE	DE		E
	フランボワーズ バニーユ	2色	S	返り咲	微香	🛡🛡	B	AB	B	CD	CD	C	DF

※最初の1～2年は長い枝が出にくいので、無理に誘引せず、自然樹形で二番花以降の蕾を摘んで茂らせておくほうが、早く長い枝が出る。
※小さく仕立てるため、夏までに剪定し、冬に誘引する枝を秋にしっかり伸ばしておく。

アミ ロマンティカ

桜のような小花が降り注ぐように群れ咲く姿に魅了されない人は
いないはず。たおやかで繊細な枝ぶりだが、放任でもどんどん枝
を伸ばし成長するたくましいバラ。枝を伸ばし続けて春に壁一面
に咲かせても、夏まで切り続けて株を小さくすることができる。
目線より上で楽しみたいので、大型のアーチやパーゴラに。

花径：7〜8cm
樹高(伸長)：1.5〜2.5m
作出：メイアン(フランス)2010年
寒地・高冷地でのつる仕立て：伸びにくい

分類	開花	芳香	アーチ	オベリスク	トレリス
S	四季咲	中香	BC	BCD	BC

アンジェラ

華やかな色彩の小花を、房でびっしりと咲かせる人気種。丈夫で
たえまなく咲くので、育てやすい初心者向き。冬剪定で木バラの
ように咲かせることもできる、用途の広いつるバラ。ベーサルシ
ュートには花房がつく。鉢植では、満開時に灌水を忘れないよう
にする。

花径：4〜5 cm
樹高(伸長)：2〜4 m
作出：コルデス(ドイツ)1988 年
寒地、高冷地でのつる仕立て：伸びにくい

分類	開花	芳香	アーチ	フェンス	オベリスク	トレリス
S	返り咲き	微香	BDE	E	BDE	B

オリビア ローズ
オースチン

透明感のある色彩と上品な花形に、思わず見とれてしまうバラ。
香りは強くはないものの、フルーティーで爽やか。手入れがいい
ほど、つるになって咲かなくなるタイプ。作出者の娘の名がつい
ているので、自信作と思われる。

花径：8〜10 cm
樹高(伸長)：1.5〜2.5 m
作出：デビッド オースチン(イギリス)2014 年
寒地、高冷地でのつる仕立て：伸びにくい

分類	開花	芳香	アーチ	トレリス
S	返り咲	中香	C	C

ガートルード ジェキル

ダマスク系の香りがたっぷりと漂う、芳香のバラ。返り咲だが、冬に短く切っても咲くので扱いやすい。基本は直立樹形なので、暴れにくく通行の邪魔にはなりにくい。立ち上がるわりには、曲げやすいので仕立てやすい。

花径：10 ㎝
樹高(伸長)：1.8〜2.5 m
作出：デビッド オースチン(イギリス)1986 年
寒地、高冷地でのつる仕立て：伸びにくい

分類	開花	芳香	アーチ	フェンス	オベリスク	トレリス
S	返り咲	強香	BCD	EF	BCD	B

桜衣

たくさんの花が株を覆いつくし、桜色の衣を身にまとったようにみえることから「桜衣」と名づけられた。京成バラ園創立 60 周年記念花。細めの枝にも咲きやすく、一番花の枝が短いので、誘引したとおりにすっきりとまとまり見栄えがする。

花径：7 ㎝
樹高(伸長)：1.5〜2.5 m
作出：京成バラ園芸(日本)2019 年
寒地、高冷地でのつる仕立て：伸びにくい

分類	開花	芳香	アーチ	フェンス	オベリスク	トレリス
S	返り咲	微香	BCD	D	BCD	BC

サマーモルゲン

可愛らしい花が、春も秋もたくさん咲く。涼しい気候のほうが色が冴えわたるので、関東では秋花が実に味わい深い。トレリスや庭植向き。イタリア・モンツァ国際コンクールで入賞、イギリスのRNRS（英国王立バラ協会）も受賞している。

花径：5〜7 ㎝
樹高(伸長)：0.6〜1.2 m
作出：コルデス(ドイツ)1991 年
寒地、高冷地でのつる仕立て：伸びにくい

分類	開花	芳香	オベリスク	トレリス
SF	四季咲	微香	ABC	ABC

ジャスミーナ

花が滝のように降ってくる景色がおすすめなので、目線より上に誘引する。たくさんの花が咲き、ハート型の花弁が散り落ちる。花つきをよくするには、枝を冬の誘引では横に倒す。目の粗いパーゴラ（藤棚）に仕立てると、最高に美しい。2007年ADR認証。

花径：6〜7 cm
樹高（伸長）：2〜3.5 m
作出：コルデス（ドイツ）2005年
寒地、高冷地でのつる仕立て：可能

分類	開花	芳香	アーチ	フェンス	オベリスク	トレリス
CL	返り咲	微香	BE	E	E	B

シャリマー

「愛のすみか」を意味するサンスクリット語が花名の由来。香りは強くないものの、甘く爽やかです。耐病性が強く、半年に一度の薬剤散布を行うことで一年間美しい葉を維持できるので、初心者向き。樹勢があり、ほぼ木立に近いシュラブ樹形。つる仕立てにするには、数年、冬の剪定をせずに伸ばし続ける。

花径：8 cm
樹高（伸長）：1.3〜2 m
作出：木村卓功（日本）2019年
寒地、高冷地でのつる仕立て：伸びにくい

分類	開花	芳香	アーチ	オベリスク	トレリス
F	四季咲	中香	C	BC	C

シンデレラ

オールドローズの雰囲気があるロマンティックなつるバラ。丸みを帯びたソフトピンク色の愛らしい花が4〜6輪の房で咲き、艶やかな濃緑色の葉も魅力的。冬の時期に横にしっかりと寝かせて誘引する。黒星病に強い丈夫な品種。2002年バーデンバーデン、ジュネーブ、ローマコンクールなどで受賞。

花径：7〜9 cm
樹高（伸長）：1.5〜2.3 m
作出：コルデス（ドイツ）2003年
寒地、高冷地でのつる仕立て：伸びにくい

分類	開花	芳香	アーチ	オベリスク	トレリス
S	返り咲	微香	C	BD	BC

スパニッシュ ビューティー

優雅にひらひらと波打つ花びらと、目を惹く大きな花をたおやかにたくさん咲かせる。特に香りは濃厚なダマスクでむせるほど甘く強い。下を向いて咲くので、目線より高く誘引すると見栄えがする。アーチやパーゴラ、壁面に仕立てるとよい。

花径：13 ㎝
樹高(伸長)：2～3 m
作出：ドット(スペイン)1929 年

分類	開花	芳香	アーチ	フェンス	オベリスク
CL	一季咲	強香	E	E	E

つる ヒストリー

見ごたえのある大きな花が、比較的若苗のときから咲き、花の寿命も長い。花の色が悪くなってから摘み取れば、花びらが散らからず掃除しやすい。花壇用品種の枝変わりなので、枝が堅く、緩やかな誘引向き。花が上を向いて咲くので、横向きに咲かせるには、花の重みでつる全体がねじれるよう、細かく誘引しないこと。

花径：10～12 ㎝
樹高(伸長)：2.5～3.5 m
作出：タンタウ(ドイツ)2009 年

分類	開花	芳香	アーチ	フェンス	オベリスク
CL	一季咲	微香	E	E	E

つる ローズ うらら

人気の木立性「ローズ うらら」の枝変わり品種。つるになっても可愛さはそのままで、房になって咲く。ショッキングピンクが、華やかな雰囲気を醸し出す。とげが少なく、誘引がしやすい。まっすぐ上に誘引しても、下の方からバランスよく蕾がつく。

花径：7～10 ㎝
樹高(伸長)：2～3 m
作出：京成バラ園芸(日本) 2013 年

分類	開花	芳香	アーチ	フェンス	オベリスク	トレリス
CL	四季咲	弱香	CD	D	BCD	BC

ニュー ドーン

パールピンクの優しい花が、つややかな葉の上にたくさん咲きこ
ぼれる。一季咲でよく伸びる「ドクター バンフリート」の枝変わ
りで、返り咲で伸びにくいバラとなった。5m を超えて咲かずに
伸び続けたら先祖返りと思われるので、その枝は処分する。丈夫
で半日陰でも育つので、初心者にもおすすめ。1997 年には「バ
ラの栄誉殿堂入り」を果たす。

花径：7 ㎝
樹高(伸長)：2〜3 m
作出：サマセット ローズ ナーセリー(アメリカ)1930 年

分類	開花	芳香	アーチ	フェンス	オベリスク
S	返り咲	弱香	D	E	D

羽衣

巻き上がるようなバラ特有の花が羽衣のように株を包み、桃色に
染め上げる。枝は比較的しなやかだが、大きく仕立てたほうが真
価を発揮。遅く咲く花は枝が長めなので、切り花にすると豪華な
花束ができる。

花径：10〜12 ㎝
樹高(伸長)：2〜4 m
作出：京成バラ園芸(日本)1970 年

分類	開花	芳香	アーチ	フェンス	オベリスク
CL	返り咲	弱香	E	E	E

ハッピー トレイルス

鮮やかなピンク色の花が、あふれるように垂れ下がって咲く様子
はとても華やか。よく返り咲くしなやかな枝を、高さ 40㎝ほどの
オベリスクに誘引することができる。一気には伸びないので、数
年は剪定せずに自然樹形で育ててから誘引する。耐病性に優れて
いるので、初心者でもおすすめ。

花径：3 ㎝
樹高(伸長)：0.2〜0.5 m
作出：ジャクソン アンド パーキンス(アメリカ)1996 年
寒地、高冷地でのつる仕立て：伸びにくい

分類	開花	芳香	オベリスク	トレリス
SM	四季咲	微香	A	A

春風

ローズ色の花だが花弁の裏が黄色なので、鮮やかな印象で花もちもよい。花つきのよさは抜群だが、冬の誘引で枝を横に倒すように誘引するとよい。花枝がとても短いので、誘引したとおりに並んで咲き、仕上がりがきれい。しなやかな枝にとげがないのはありがたいが、誘引を細かくしないと結んでもずるずると抜け出して固定しにくい一面も。

花径：7〜8 ㎝
樹高(伸長)：2〜4 m
作出：京成バラ園芸(日本)1985 年

分類	開花	芳香	アーチ	フェンス	オベリスク
CL	一季咲	微香	DE	EF	DE

ハンス ゲーネバイン

コロンと可愛い花は、裏から見ても美しいので、群れで開花したときの美しさに息をのむ。爽やかな若緑色の枝に花が咲くと、じつに清純な印象。完全な四季咲なので、手入れをするほど花つきがよくなる。花名は、海外で有名なバラ園芸家の名前が冠されている。受賞歴多数。

花径：6〜8 ㎝
樹高(伸長)：1.5〜2 m
作出：タンタウ(ドイツ)2009 年
寒地、高冷地でのつる仕立て：伸びにくい

分類	開花	芳香	アーチ	フェンス	オベリスク	トレリス
S	四季咲	微香	D	D	C	ABC

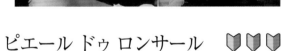

ピエール ドゥ ロンサール

いま日本で一番売れているバラ。緑を帯びた蕾が白くなり、開くと中にはピンク色の花弁がぎっしりと詰まっている。このピンク色は気温が高いほど淡くなる。庭に植えると太く堅い枝になり、仕立ては意外と限られるので注意。花名は「バラの詩人」と呼ばれた 16 世紀のフランス詩人の名前。2006 年に世界バラ会連合の「バラの栄誉殿堂入り」をした。

花径：10〜12 ㎝
樹高(伸長)：2〜3 m
作出：メイアン(フランス)1986 年
寒地、高冷地でのつる仕立て：伸びにくい

分類	開花	芳香	アーチ	フェンス	オベリスク
S	返り咲	微香	DE	DE	DE

ビバリー

豊かに香る大きな花がたくさん咲く。温暖地では、放任でもわずかだが秋にも咲くほどのたくましさ。手入れするほど四季咲の恩恵を感じる品種。とげの少ない枝は、緩やかに誘引することもできる。花枝は長めなので、なるべく横に倒して誘引したほうが、花枝が短く変わって収まりがいい。香りが強いわりには、花もちがいい。

花径：11〜13cm
樹高(伸長)：1.2〜2.5m
作出：コルデス(ドイツ)2007年
寒地、高冷地でのつる仕立て：伸びにくい

分類	開花	芳香	アーチ	フェンス	オベリスク	トレリス
HT	四季咲	強香	D	E	BCD	BC

ピンク ドリフト

桜の花のような形をした小花が、非常に多数咲く。放任栽培に耐えるたくましさだが、四季咲で手入れするほどたくさん咲く。数年剪定せずに育ててから、仕立てるとよい。

花径：4cm
樹高(伸長)：0.7m
作出：メイアン(フランス) 2006年
寒地、高冷地でのつる仕立て：伸びにくい

分類	開花	芳香	トレリス
SM	四季咲	微香	A

ブラッシング ノックアウト

適切な場所に植えれば、放任しても次々とたくさんの花が、初冬まで咲き続けることを目的に作られた品種。この品種は、花がチューリップのように咲くので、横から見ても楽しめ、つる仕立てにしてもきれい。数年剪定せずに育ててから、誘引すると早く仕立てられる。ノックアウトの枝変わり品種

花径：7〜8cm
樹高(伸長)：0.9〜2.5m
作出：メイアン(フランス)2004年
寒地、高冷地でのつる仕立て：伸びにくい

分類	開花	芳香	アーチ	フェンス	オベリスク	トレリス
F	四季咲	微香	BCD	D	BCD	BC

フランソワ ジュランビル

柔らかな甘さのある、ティー系の香りに心が和む。枝が垂れ下がっても、伸び続ける数少ない品種。秋までひたすら長く伸び続けるので、伸ばせば広大な面積を覆うことができ、満開は圧巻の風景。夏までつるを切り続ければ、小さく家庭のアーチに収めることもできる。下を向いて咲くので、できれば目線より上に誘引したい。枝は細くて柔らかく誘引しやすいが、折れやすいので丁寧に扱う。

花径：5〜6 ㎝
樹高（伸長）：3〜6m
作出：バルビエ（フランス）1906 年
寒地、高冷地でのつる仕立て：可能

分類	開花	芳香	アーチ	フェンス	オベリスク	トレリス
R	一季咲	中香	BCDE	DEF	ABCDE	ABC

ブリーズ パルファン

花名は「香るそよ風」の意味。その名の通り、甘く爽やかな香りをあたりに漂わせる。ラベンダーピンクから白に変わっていく、小さな可愛らしい花をたくさん咲かせる。しなやかな枝が伸びる、小型で細くてしなやかな長いつるが出るランブラータイプ。

花径：3 ㎝
樹高（伸長）：1.8〜3 m
作出：バルニ（イタリア）2006 年

分類	開花	芳香	アーチ	フェンス	オベリスク	トレリス
S	返り咲き	中香	BD	DF	BD	B

プリンセス ヴェール

白い花の中心が、柔らかなアプリコットからピンク色となる、雰囲気のあるバラ。爽やかな甘い香りの花が、初冬まで咲く。気温が低いほうが、色の濃い花が楽しめる。初心者でも安心して育てられる。直立性で場所もとらない。アデレード国際バラコンクール入賞および芳香賞を受賞。

花径：8 ㎝
樹高（伸長）：0.8〜1.8 m
作出：コルデス（ドイツ）2011 年
寒地、高冷地でのつる仕立て：伸びにくい

分類	開花	芳香	アーチ	オベリスク	トレリス
F	四季咲	強香	C	BC	C

フロキシー ベビー

野バラのような可憐で小さい花が、繰り返したくさん咲く。放任しても花がら切りをしなくても、耐える品種。秋に、赤く染まる小さな実も楽しめる。アレンジメントにしてもおすすめ。2015 年アッシュビルベスト樹形賞受賞。

花径：2 ㎝
樹高（伸長）：0.5〜1 m
作出：メイアン（フランス）2013 年
寒地、高冷地でのつる仕立て：伸びにくい

分類	開花	芳香	トレリス
M	四季咲	微香	A

ペネロペイア

ピンクをベースにし、クリーム、アプリコット、黄色が混ざり合う温かみのある花色。花名はギリシャ神話のオデュッセウスの帰国を待ち続けた妻の名前。ダマスクとティーにスパイスの混ざった香りの強い品種。とげが少なく、枝は赤みを帯びている。細い枝にも咲くので、枝元から花がつきやすい。

花径：8 ㎝
樹高（伸長）：1.6〜2.5 m
作出：木村卓功（日本）2018 年
寒地、高冷地でのつる仕立て：伸びにくい

分類	開花	芳香	アーチ	オベリスク	トレリス
S	四季咲	強香	BCD	BCD	BC

ポールズ ヒマラヤン ムスク

桜のような小花が降り注ぐように群れ咲く姿に、誰もがうっとりする。たおやかで繊細な枝ぶりだが、放任でもどんどん枝を伸ばし成長するたくましいバラ。枝を伸ばし続けて壁一面に咲かせても、夏まで切り続けて株を小さくすることもできる。花は目線より上で楽しみたいので、大型のアーチやパーゴラに。

花径：4〜5 ㎝
樹高（伸長）：3〜6 m
作出：ポール（イギリス）1899 年
寒地、高冷地でのつる仕立て：可能

分類	開花	芳香	アーチ	フェンス	オベリスク	トレリス
R	一季咲	弱香	BCDE	DEF	ABCDE	ABC

マリア テレジア

美貌だけではなく、若くして数々の戦争に屈せず向き合ったたくましさは、まさにこの花の名にふさわしい。風雨や霜にも耐える優雅な花は一輪の寿命が長く、色が悪くなってから切り取れば花びらが散らからない。放任しても成長するたくましさと四季咲性を併せ持つ。手入れするほど長く伸びて咲かなくなるので、手入れ好きの人には向かない。枝は曲げにくい。

花径：6〜8 ㎝
樹高（伸長）1.5〜2.5 m
作出：タンタウ（ドイツ）2003 年
寒地、高冷地でのつる仕立て：伸びにくい

分類	開花	芳香	アーチ	オベリスク	トレリス
S	四季咲	微香	BD	BD	BC

マリー ヘンリエッテ

バラらしい華やかな花には、ダマスクにティーとミルラの豊かな香りがある。まっすぐ上に誘引をしても、株元から花をつけるので、初心者でも誘引は難しくない。 うどん粉病、黒星病に非常に強く、初心者にも育てやすい。花名は、作出したコルデス家と親交が深かった、バラ界で活躍した女性の名前から。2015 年 ADR 認証。

花径：9〜11 ㎝
樹高（伸長）：2〜2.5 m
作出：コルデス（ドイツ）2013 年
寒地、高冷地でのつる仕立て：伸びにくい

分類	開花	芳香	アーチ	フェンス	オベリスク	トレリス
S	返り咲	強香	C	D	C	C

芽衣

小輪で数輪の房で咲く、桃色の可愛い花。外側が白く、中心が濃くなるグラデーション。ポンポン咲で、華やかな印象。「夢乙女」の枝変わりの大型種。耐病性に優れており、無農薬の栽培も可能。木が充実してくると、返り咲性が強くなる。

花径：3〜4 ㎝
樹高（伸長）：2〜4 m
作出：コマツガーデン（日本）

分類	開花	芳香	アーチ	フェンス	オベリスク	トレリス
CL	一季咲	微香	BCD	CF	ABC	ABC

モーティマー サックラー

可愛いらしく優しい雰囲気の花に、ティーの香りが漂う。初心者でも安心して使える丈夫な半つる性で、とげの少ない枝は細いが芯のある自立タイプ。長い枝は横に倒して誘引したほうが、たくさんの花枝が出て華やかになる。枝は堅いが花は横を向いて咲くので、つる仕立てにしても花がよく見える。

花径：8〜10 ㎝
樹高（伸長）：1.7〜2.5 m
作出：デビッド オースチン（イギリス）2002 年
寒地、高冷地でのつる仕立て：伸びにくい

分類	開花	芳香	アーチ	フェンス	オベリスク	トレリス
S	返り咲	中香	D	D	CD	C

ラブリー メイアン

エレガントな花がたくさん枝先に咲く。きゃしゃな枝はコシがあり、ふんわりと茂る。四季咲性が強く、長い枝が生えるわけではないので、数年剪定せずに伸ばしてから、こまめに枝を誘引して仕立てる。作出者の名がついているだけのことはある、納得の完成度。

花径：6〜8 ㎝
樹高（伸長）：0.8〜1.2 m
作出：メイアン（ フランス ）2000 年
寒地、高冷地でのつる仕立て：伸びにくい

分類	開花	芳香	フェンス	オベリスク	トレリス
SF	四季咲	微香	F	A	A

ルミナス ピラー

咲き進むにつれて、ボリューム感のあるロゼット咲になる。花名の意味「光り輝く柱」のように咲く。枝はしっかりと堅く、まっすぐに誘引しても株元から枝先まで花をつける。香りと見ごたえを兼ね備えた品種。花が重いので、雨で枝折れしやすい。雨の前に切り花にするとよい。

花径：10 ㎝
樹高（伸長）：2〜3 m
作出：ディクソン（ イギリス ）2016 年
寒地、高冷地でのつる仕立て：伸びにくい

分類	開花	芳香	アーチ	フェンス	オベリスク
S	返り咲	中香	D	DE	CD

レオナルド ダ ビンチ

大輪で形のよい花は、花弁が丈夫で花もちがよく、雨による傷みがほとんどない。ルネッサンス時代の偉大な芸術家「ダビンチ」にちなんで名づけられ、クラシカルな雰囲気もある。耐病性にも優れていて、育てやすい品種。1993年イタリア・モンツァ国際コンクール金賞受賞。

花径：8〜10 cm
樹高（伸長）：1〜2 m
作出：メイアン（フランス）1994年
寒地、高冷地でのつる仕立て：伸びにくい

分類	開花	芳香	アーチ	フェンス	オベリスク	トレリス
S	返り咲	微香	CD	DE	BCD	ABC

ローズ ポンパドール

花名はフランス国王「ルイ15世」の寵愛を受けた「ポンパドール侯爵夫人」が好んだ「ポンパドールピンク」に由来している。艶やかなピンクのカップ咲から、だんだんと淡いラベンダーピンクのロゼット咲に変化する。株はよく茂り、枝は太く堅くなるので、緩やかに誘引する仕立てに向いている。

花径：11〜15 cm
樹高（伸長）：1.5〜3 m
作出：デルバール（フランス）2009年
寒地、高冷地でのつる仕立て：伸びにくい

分類	開花	芳香	アーチ	フェンス	トレリス
S	四季咲	強香	DE	E	B

ローゼンドルフ
シュパリースホップ

この品種の長所は花もちのよさで、色が悪くなってから摘めば掃除が楽。ヨーロッパでは四季咲の花壇バラだけあって、次々と咲く。秋でもたくさん咲くつるバラは貴重。咲かせるためには実をつけさせないこと。長いつるは出にくいものの、枝の寿命が長いので、どんどん上に枝が積み上がっていく。太くて堅い枝になるので、緩やかに曲げる仕立てに向く。名は作出社のある「バラの村シュパリースホップ」から。

花径：10 cm
樹高（伸長）：1〜3 m
作出：コルデス（ドイツ）1989年
寒地、高冷地でのつる仕立て：伸びにくい

分類	開花	芳香	アーチ	フェンス	オベリスク	トレリス
S	四季咲	微香	D	DE	CD	C

ウルメール ムンスター

見ごたえのある花を、秋まで咲かせる。つるバラというよりは、よく伸びる花壇用の四季咲バラという雰囲気。長いつるがたくさん出るのではなく、積み上がっていく。枝は堅く曲げにくいので、曲げずに立てるか、緩やかに曲げる仕立てが向く。花名は、ドイツの都市ウルムにある大聖堂から名づけられた（別名「ウルメール ミュンスター」）。

花径：10〜12 cm
樹高(伸長)：1.8〜2.3 m
作出：コルデス（ドイツ）1983 年
寒地、高冷地でのつる仕立て：伸びにくい

分類	開花	芳香	アーチ	フェンス	オベリスク	トレリス
S	四季咲	微香	DE	DE	BD	B

カクテル

中心の黄色は、翌日には白くなるため、底白の花にも見える。花つきがよく、黒星病を防げば、四季咲になる。放任しても、春にはよく咲く丈夫なバラ。冬に切りつめてもよく咲き、枝が太くないため、さまざまな誘引や仕立て方ができる。2015 年世界バラ会連合殿堂入り。

花径：6〜8 cm
樹高(伸長)：1.5〜4 m
作出：メイアン（フランス）1957 年
寒地、高冷地でのつる仕立て：伸びにくい

分類	開花	芳香	アーチ	フェンス	オベリスク	トレリス
S	四季咲	微香	BDE	DE	BDE	BC

キャンディア メイディランド

鮮やかな花色で絶え間なく咲く、とても育てやすい品種。房で咲きながら、次の枝を成長させるので、次々に咲き続ける。枝はしなやかで、ふんわりと茂る。花後の実も楽しむことができる。花は少なくなるが放任しても成長する、たくましいバラ。2008 年ADR 認証。

花径：7〜8 cm
樹高(伸長)：0.6〜1 m
作出：メイアン（フランス）2006 年
寒地、高冷地でのつる仕立て：伸びにくい

分類	開花	芳香	オベリスク	トレリス
SF	四季咲	微香	A	A

グレーフィン ディアナ

気品と香りのよさをあわせもつバラは、本来とても手間がかかるもの。なのに、この品種は初心者でも大丈夫。こういったバラは非常に少ない。若い枝はしなやかさもあり、元気になると半つるの枝が出る。枝は長めなので、誘引は横に倒すようにしたほうが花枝が短くなり、仕上がりが美しい。2014年 ADR 認証、2015年ベルファスト芳香賞、他受賞。

花径：11 cm
樹高（伸長）：1.5〜2.5 m
作出：コルデス（ドイツ）2012年
寒地、高冷地でのつる仕立て：伸びにくい

分類	開花	芳香	アーチ	フェンス	オベリスク
S	四季咲	中香	DE	E	DE

紅玉

深紅の花色が美しい、小型のつるバラ。「珠玉」の枝変わり品種。ころころとした深いカップ状に咲き、大房になって開花する。冬に横へ倒して誘引すると、花枝が短くまんべんなく出て、株全体がにぎやかになる。花つきも花もちもよい。まれに返り咲くことがある。

花径：3 cm
樹高（伸長）：3〜4 m
作出：河合伸志（日本）2011年

分類	開花	芳香	アーチ	フェンス	オベリスク	トレリス
CL	一季咲	微香	BCD	DF	ABCD	ABC

赤花は紅玉、朱花は珠玉。

スーリール ドゥ モナ リザ

冬に切っても曲げても、最初の花枝が短く揃って咲くので仕上がりがきれい。初年の蕾を全部摘んで、数年剪定せずに伸ばし続けると、株元から長い枝が伸びてくるようになる。新しい枝は、冬に横に倒すように誘引する。古い枝は太く堅くなるので、新しい長い枝は大切にして適宜世代交代させる。花名は「モナリザの微笑」。2004年 ADR 認証。

花径：8〜10 cm
樹高（伸長）：1.5〜2.5 m
作出：メイアン（フランス）2008年
寒地、高冷地でのつる仕立て：伸びにくい

分類	開花	芳香	アーチ	フェンス	オベリスク	トレリス
S	四季咲	微香	D	E	D	C

ノックアウト

放任しても次々咲くバラを目指して作られた花壇用のバラだが、5年もすればつる仕立として使えるサイズに成長する。派手な色彩でよく目立つ。無剪定放任栽培で上に素直に高く伸びていくので、そのまま誘引し、多すぎる枝を間引くようにする。若い枝は曲げられるので使い勝手がよい。下枝は積極的に残したほうが寂しくならない。2002年ADR認証。2018年世界バラ会連合の殿堂入り。

花径：7〜9 ㎝
樹高（伸長）：0.9〜2.5 m
作出：メイアン（フランス）2000年
寒地、高冷地でのつる仕立て：伸びにくい

分類	開花	芳香	アーチ	フェンス	オベリスク	トレリス
F	四季咲	微香	BCD	D	BCD	BC

フロレンティーナ

日が差すと輝く赤。枝も太いわりにはしなやかで扱いやすく、平面に広げるような見せ方が、花数を最大に引き出せるのでおすすめ。しかし、まっすぐ上に誘引しても、株元から先まで花が咲くので、さまざまな仕立てに対応する使い勝手のよさを持つ。丈夫で放任しても、徐々に成長するたくましさがある。2016年ADR認証

花径：7〜9 ㎝
樹高（伸長）：2〜3.5 m
作出：コルデス（ドイツ）2011年
寒地、高冷地でのつる仕立て：可能

分類	開花	芳香	アーチ	フェンス	オベリスク	トレリス
CL	返り咲	微香	BDE	E	BDE	B

レッド レオナルド ダ ビンチ

クリムゾンレッドの花色は、咲き進むにつれて、ピンクを帯びてくる。四季咲だが、蕾を摘んで育てると、剛直で直立する長い枝が出る。曲げられることは得意ではないので、まっすぐのまま利用する。とても丈夫で、初心者でも安心して育てられ、秋の花も咲く。最初の花枝が短いので、仕立てた仕上がりは花が詰まって咲き、見栄えがいい。2005年ADR認証。

花径：8〜9 ㎝
樹高（伸長）：1.5〜2 m
作出：メイアン（フランス）2003年
寒地、高冷地でのつる仕立て：伸びにくい

分類	開花	芳香	アーチ	フェンス	オベリスク	トレリス
S	四季咲	微香	CD	DE	ACD	AC

ロートケプヘン

ほれぼれする赤い花は、花弁質がしっかりしていて、退色少なく長持ちする。春の花枝は短くて花壇用のバラだが、秋に出た長い花枝を誘引すれば、つるバラとして誘引できる。誘引は枝が堅くなる前の 12 月にし、倒すように誘引すると花つきがいい。花名の意味は、ドイツ語の「赤ずきん」。2009 年リヨン FL 部門金賞受賞。

花径：6～8 ㎝
樹高（伸長）：1.2～2.5 m
作出：コルデス（ドイツ）2007 年
寒地、高冷地でのつる仕立て：伸びにくい

分類	開花	芳香	アーチ	フェンス	オベリスク	トレリス
S	四季咲	微香	D	E	ABD	B

オランジュリー

つるバラには少ない、鮮やかな濃いオレンジ色の花。驚くほど花の寿命が長く、たくさん花が咲くわけではないが、十分に満足できる。退色しにくく、房になって咲く。うどん粉病、黒星病に強い。寒さにあたると枝に黒いシミができるが、生育に問題はない。2016 年ＡＤＲ認証、他。

花径：8～10 ㎝
樹高（伸長）：1.3～2 m
作出：コルデス（ドイツ）2015 年
寒地、高冷地でのつる仕立て：伸びにくい

分類	開花	芳香	アーチ	フェンス	オベリスク	トレリス
S	返り咲	微香	C	D	ABC	BC

スージー

オレンジの花色で、ティーにフルーツの香り高いバラ。可愛らしくも、おおらかな花を優雅に咲かせる。樹勢がよく、耐病性もあるので、初心者にも育てやすい。樹勢がよいわりには、樹形がまとまりやすい。コンパクトなつるバラとして育てると、花つきがよくなる。

花径：5 ㎝
樹高（伸長）：1～2 m
作出：ハークネス（イギリス）2015 年
寒地、高冷地でのつる仕立て：伸びにくい

分類	開花	芳香	アーチ	フェンス	オベリスク	トレリス
S	四季咲	強香	BCD	DE	BC	BC

スター チェイサー

オレンジ色を含む黄色系の花は、半剣弁高芯咲きで、大輪で見ごたえがある。濃緑色の葉も美しく、枝は太くてしっかりしている。特に黒星病には強い抵抗力を持ち、栽培しやすい丈夫な品種。花名は「星を追う者」という意味。

花径：8〜10 ㎝
樹高（伸長）：2〜3 m
作出：ディクソン（イギリス）2011 年
寒地、高冷地でのつる仕立て：伸びにくい

分類	開花	芳香	アーチ	フェンス	オベリスク
S	返り咲	微香	C	DE	C

アイスフォーゲル

中心が茶色を帯び、全体はピンク色のグラデーションで、落ち着いた美しさ。外弁は気候によっては、ライラックブルーにもなる。この朱と青の対比が、花名の「カワセミ」の由来となっている。ボリュームのある花は波状弁で、花弁数も多く、ボリューム感がある。ミルラを含む香りも印象的。

花径：9〜11 ㎝
樹高（伸長）：1.5〜2 m
作出：タンタウ（ドイツ）2016 年
寒地、高冷地でのつる仕立て：伸びにくい

分類	開花	芳香	アーチ	フェンス	オベリスク	トレリス
S	返り咲	強香	BC	D	BC	BC

ローブ アラ フランセーズ

花の中心から茶色がかった美しいピンクがのぞく、クラシカルな印象のバラ。フランス国王ルイ 15 世の寵愛をうけていたポンパドール侯爵夫人のドレスのイメージから、花名がついた。まるで華麗な貴族のドレスのような雰囲気。シュートがよく出るのでアーチやフェンス向き。花つき、花もちもいい。

花径：8 ㎝
樹高（伸長）：1.5〜2.5 m
作出：河本純子（日本）2011 年
寒地、高冷地でのつる仕立て：伸びにくい

分類	開花	芳香	アーチ	フェンス	オベリスク	トレリス
S	返り咲	微香	C	D	BC	BC

イルミナーレ

キリッと凛々しい蕾から、緩くほどけるように咲く。枝は細く長く伸びるので、誘引しやすい。まっすぐ立てて誘引しても、株元から咲くテクニック不要の扱いやすさ。花枝は短くきゃしゃで、誘引に沿って咲く。下向きに咲くので、なるべく見上げる位置で咲かせたい。育てやすいのも魅力。2017 年 ADR 認証。

花径：8〜10 ㎝
樹高（伸長）：1.8〜2.5 m
作出：コルデス（ドイツ）2016 年
寒地、高冷地でのつる仕立て：伸びにくい

分類	開花	芳香	アーチ	フェンス	オベリスク	トレリス
S	返り咲	微香	BCDE	DEF	BCDE	BC

カール プロベルガー

黄色の「ピエール ドゥ ロンサール」といった雰囲気なので、一緒に咲かせると面白い。花枝が短いので仕上がりがきれい。誘引は横に倒して咲かせるようにする。暑さで成長が止まりやすいので、西日を避けるなど工夫する。花名はオーストリアの有名なガーデナーの名前。

花径：8 ㎝
樹高（伸長）：1.2〜2.5 m
作出：コルデス（ドイツ）2009 年
寒地、高冷地でのつる仕立て：伸びにくい

分類	開花	芳香	フェンス	オベリスク
S	返り咲	中香	DE	BD

快挙

柑橘とダマスクのニュアンスを含むティーの香り。中心が濃く、花色は、外側が淡いクリーム色のグラデーションが美しい。枝は成長とともに太く長くなる。枝が柔らかくとげも多くないので、誘引しやすい。長い枝が出るまで剪定をせずに、木を大きく自然樹形で育てる。花壇用として育てると花枝が長くなりやすいが、倒すように誘引すると細かく短い枝がたくさん出て豪華。花もちもよい。ローマ国際コンクール金賞受賞。

花径：10 ㎝
樹高（伸長）：1.5〜2.5 m
作出：京成バラ園芸（日本）2011 年
寒地、高冷地でのつる仕立て：伸びにくい

分類	開花	芳香	アーチ	フェンス	オベリスク	トレリス
F	四季咲	中香	CD	DE	ABC	BC

スマイリー フェイス

初心者向きで、よく伸びるバラ。花色は、咲きはじめは濃く、花が開くにつれて淡くなる。枝は堅く丈夫で、緩く曲げる仕立てに向いている。枝が多く出るので、まっすぐ縦に誘引しても、枝元からよく咲く。2010年イタリア・モンツァ国際コンクール銀賞受賞。

花径：10 ㎝
樹高（伸長）：2〜3 m
作出：メイアン（フランス）2011 年

分類	開花	芳香	アーチ	フェンス	オベリスク	トレリス
CL	返り咲	微香	BDE	E	BDE	B

ソレロ

淡い色の葉にレモン色の花が咲き、株全体が明るい印象。長い枝は出ずにコンパクトに収まる。自然樹形は枝が細くふんわりと茂り、初冬までよく咲く。枝は長生きするので、誘引すると徐々に枝が積み上がって四季咲のフェンスやアーチになる。2009年ADR 認証。

花径：7〜8 ㎝
樹高（伸長）：1 〜2 m
作出：コルデス（ドイツ）2008 年
寒地、高冷地でのつる仕立て：伸びにくい

分類	開花	芳香	アーチ	フェンス	オベリスク	トレリス
SF	四季咲	中香	C	F	ABC	AC

つる ゴールド バニー

木立性の中輪種「ゴールド バニー」の枝変わりの品種。黄色いつるバラとして、昔から人気があり、とても華やかな雰囲気がある。早咲種で、3〜5輪の房咲になる。シュート更新しないため、古い枝にも花を咲かせ、丈夫で育てやすい。古株になると返り咲くようになる。

花径：8〜10 ㎝
樹高（伸長）：2〜3 m
作出：メイアン（フランス）1986 年

分類	開花	芳香	アーチ	フェンス	オベリスク
CL	一季咲	微香	DE	E	DE

つる ピース

銘花である木立性「ピース」の枝変わり品種。第二次世界大戦後に平和への願いを込めて名づけられた。黄色の花にピンクの覆輪咲。豪華な大輪の花を枝いっぱいに咲かせて、満開時はとても見事。花もちもよい。太く堅く長いつるが出るので、あまり曲げられない。大きな仕立て向き。古株は株元に枝がなくなる。

花径：13〜16 cm
樹高(伸長)：2〜4 m
作出：ブラディ（アメリカ）1950 年

分類	開花	芳香	アーチ	フェンス
CL	一季咲	微香	E	E

バスシーバ

蕾はアプリコットイエロー、開花するとアプリコットピンクを帯び、裏側はソフトイエロー。美しく色が混ざり合ったエレガントな印象。ほのかにはちみつを感じるミルラの香りは、花が咲き進むにつれてティー系の香りになる。花名は、トーマス・ハーディーの小説のヒロインの名。

花径：10 cm
樹高(伸長)：2〜3 m
作出：デビッド オースチン（イギリス）2016 年
寒地、高冷地でのつる仕立て：伸びにくい

分類	開花	芳香	アーチ	フェンス	オベリスク	トレリス
S	返り咲	中香	D	DE	BDE	B

ベル ロマンティカ

濃い黄色の小ぶりの花を鈴なりに咲かせ、庭を可憐に彩る。葉は淡緑色で、花の黄色とのコントラストがさわやか。樹勢がよく、枝がシュラブ状によく伸び、つるバラとしても使える。丈夫で育てやすい品種。花名のベルはフランス語で「美しい」の意味。2008 年 ADR 認証。

花径：6〜7 cm
樹高(伸長)：1.5〜2.3 m
作出：メイアン（フランス）2009 年
寒地、高冷地でのつる仕立て：伸びにくい

分類	開花	芳香	アーチ	フェンス	オベリスク	トレリス
S	返り咲	中香	BCD	E	ABCD	BC

モッコウバラ(黄八重)

バラ・シーズンの訪れを知らせる、早咲のバラ。鮮やかなクリームイエローの小輪が、群生して咲く。どんどん成長するので、病害虫は気にならない。他のバラと異なり、手入れがほとんどいらないため、初心者でも安心して育てられる。大きくなり過ぎたら、夏までに新しく伸びた太い枝を元から切る。 完全なトゲなし。

花径：2 ㎝
樹高(伸長)：3〜6 m
作出：不詳（中国）1824年頃発見
寒地、高冷地でのつる仕立て：極寒地・亜熱帯では咲かない

分類	開花	芳香	アーチ	フェンス	オベリスク	トレリス
R	一季咲	中香	BCDE	DEF	ABCDE	ABC

リモンチェッロ

花はレモンイエローから淡い黄色に変化し、2つのバラが入り乱れて咲いているようで美しい。花びらは少ないが寿命が長く、しかもあきれるほど咲くので、株が花で包まれる。枝は細くしなやかで、ふんわり茂る。低いフェンスがおすすめだが、時間をかければ2m近くまで伸ばすことも可能。仕上がりは遅いが、四季咲のよさを実感する。

花径：5〜7 ㎝
樹高(伸長)：1.2〜1.8 m
作出：メイアン（フランス）2008 年
寒地、高冷地でのつる仕立て：伸びにくい

分類	開花	芳香	フェンス	オベリスク	トレリス
SF	四季咲	微香	F	AC	AC

オドゥール ダムール

花色は、日に当たるとローズ色、陰になると紫色に寄る。放任でも素晴らしく香りのいいバラが、春には楽しめる。直立樹形なのでだらしなく広がらず、場所をとらない。まっすぐ誘引しても株元から咲きやすく、育てやすい品種。若い枝は誘引で曲げることができる。2018 年 ADR 認証。

花径：8 ㎝
樹高(伸長)：1 〜2.5 m
作出：コルデス（ドイツ）2018 年
寒地、高冷地でのつる仕立て：伸びにくい

分類	開花	芳香	アーチ	フェンス	オベリスク	トレリス
S	返り咲	強香	BC	DE	BCD	B

ペレニアル ブルー

花は日陰で見ると青くきれいな発色になるので、半日ほど日陰になる場所に植える。半つる性だが急に長くは伸びないので、数年自然樹形で放置して大きくなってから仕立てると早い。花を摘んでも秋にたくさん咲くわけではないので、花がらを半分残して、オレンジ色の実を楽しんでもいい。

花径：3〜4 cm
樹高（伸長）：1.3〜2.5 m
作出：タンタウ（ドイツ）2008 年
寒地、高冷地でのつる仕立て：伸びにくい

分類	開花	芳香	アーチ	フェンス	オベリスク	トレリス
S	返り咲	中香	BC	D	BCD	BC

ル シェール ブルー

ダマスクとティーの香り。四季咲で育てやすい、紫のバラ。夏場は花はうっすらとピンク色に寄る。自立するシュラブ樹形だが、冬剪定せずに伸ばし続けると、つる仕立てにもなる。花は横向きに咲くので、どのように仕立てても花が観賞しやすい。

花径：8 cm
樹高（伸長）：1.3〜2 m
作出：木村卓功（日本）2012 年
寒地、高冷地でのつる仕立て：伸びにくい

分類	開花	芳香	アーチ	フェンス	オベリスク	トレリス
S	四季咲	中香	C	D	ABCD	ABC

レイニー ブルー

藤色の透けるような花びらが幾重にも重なって、人気沸騰。繊細な枝と小さな葉が、きゃしゃな雰囲気を最大に引き出している。花つきはよいが、病気にかかりやすい。最初の年は咲かせずに株を大きくすることに専念しないと、ミニバラのままでつるにならない。

花径：6 cm
樹高（伸長）：0.5〜2 m
作出：タンタウ（ドイツ）2012 年
寒地、高冷地でのつる仕立て：伸びにくい

分類	開花	芳香	アーチ	フェンス	オベリスク	トレリス
S	四季咲	微香	C	F	AC	AC

アルベリック バルビエ

蕾はクリーム色で、開花するにつれて品のよい白色になる。光沢のある照り葉も美しい。成長が旺盛で、枝がよく伸び柔らかいので、大きなアーチやフェンスをはじめ、大きな仕立てにおすすめ。海辺の近くや、多少の日陰でも、強く育つ。

花径：5〜6 cm
樹高（伸長）：3〜6 m
作出：バルビエ（フランス）1900 年
寒地、高冷地でのつる仕立て：可能

分類	開花	芳香	アーチ	フェンス	オベリスク	トレリス
R	一季咲	中香	BCDE	DEF	ABCDE	ABC

淡雪

清楚な白色の花と中央の黄色いめしべが美しく、和風の庭園にも調和する。ぽってりとした厚みのある花びらが魅力の、かくれた人気品種。枝はしなやかで誘引しやすいので、小さめの仕立てには幅広く応用できる。花枝がとても短いので、仕立ての仕上がりがきれい。秋の花は少なめ。

花径：4 cm
樹高（伸長）：0.6〜2 m
作出：京成バラ園芸（日本）1990 年
寒地、高冷地でのつる仕立て：伸びにくい

分類	開花	芳香	アーチ	フェンス	オベリスク	トレリス
S	返り咲	微香	C	F	AC	AC

伽羅奢（ガラシャ）

やさしい色合いを持つバラ。花は大きめで房になって咲き、花つきもよい品種。花がらを放置すると、秋には多数のローズ・ヒップが実る。枝は 2 m ほどしなやかに伸びる。樹勢が強く、初心者にも育てやすい。花名は、熱心なクリスチャンとして知られている「細川伽羅奢」に由来している。

花径：5 cm
樹高（伸長）：1〜4 m
作出：河合伸志（日本）1995 年
寒地、高冷地でのつる仕立て：伸びにくい

分類	開花	芳香	アーチ	フェンス	オベリスク	トレリス
S	返り咲	微香	C	F	AC	AC

グリーン アイス

花色は、開花とともに白から緑色に変わる。秋の夜に気温が下がると、ピンク色を帯びることがある。花芯にグリーンアイがのぞく。緑花の特徴として、花の寿命が長い。ただ、花の最終は見苦しくなる前に、はらりと散るので潔い。

花径：3 cm
樹高（伸長）：0.6〜1 m
作出：ムーア（アメリカ）1971 年
寒地、高冷地でのつる仕立て：伸びにくい

分類 SM　開花 四季咲　芳香 微香　オベリスク A　トレリス A

クリスティアーナ

薄い花びらが重なり合って繊細で華やかな印象の花。豊かな香りは甘さとレモンのような爽やかさを併せもつ。とげが少なく、誘引もしやすい。まっすぐ上に誘引しても小枝が多いので、株元からよく花が咲く。株が落ち着いてくると、秋にも花が咲く。2014年 ADR 認証。

花径：8 cm
樹高（伸長）：1.8〜2.5 m
作出：コルデス（ドイツ）2013 年
寒地、高冷地でのつる仕立て：伸びにくい

分類 S　開花 返り咲　芳香 強香　アーチ BCD　フェンス E　オベリスク BCD　トレリス BC

コスモス

つるにするには時間がかかるが、太く直立するつるが出て狭い場所でも収まりがよく、まっすぐ立てて誘引してもよく咲く。花が下を向いて咲くので、見事な景色に。早く伸ばすには、蕾取りをし、有機の液肥を与えるとよい。丈夫で扱いやすい。ポール仕立てに最適。2007 年 ADR 認証。

花径：8 cm
樹高（伸長）：0.7〜2 m
作出：コルデス（ドイツ）2006 年
寒地、高冷地でのつる仕立て：伸びにくい

分類 S　開花 返り咲　芳香 中香　アーチ C　オベリスク C　トレリス C

サマー メモリーズ

香りよく品のある花が、秋にも多く咲く半つる性。まっすぐ縦に誘引しても花つきがいい。花枝がやや長いので、たくさんの切り花が楽しめる。仕立ては、2mほどの丸太の柱に誘引したほうが見栄えよく仕上がる。秋は春花の先から長く伸びて咲くので、厚みが出やすいことを考慮する。

花径：8〜10 ㎝
樹高(伸長)：1.5〜2.5 m
作出：コルデス（ドイツ）2004 年
寒地、高冷地でのつる仕立て：伸びにくい

分類	開花	芳香	アーチ	フェンス	トレリス
S	四季咲	微香	D	DE	BC

新雪

花の美しさ、育てやすさから愛され続ける銘花。古い枝もしなやかだが、狭い場所には向かない。壁面やカーポート、大型アーチ向き。凛とした切り花を、たくさん飾れる。実ができやすく、赤く美しいが、関東以西の平地では秋までに黒く変色してしまう。株が古くなると古枝の途中から太いシュートが出るので、株元の枝が少なくなる。

花径：10〜11 ㎝
樹高(伸長)：2〜4 m
作出：京成バラ園芸（日本）1969 年

分類	開花	芳香	アーチ	フェンス
CL	返り咲	微香	E	E

つる アイスバーグ

四季咲（木立性）の「アイスバーグ」の枝変わりで、一季咲のつる性に変化した品種。春の豪快な咲きっぷりは親品種そのままに、さらに丈夫で大型に。株元から枝が出なくなるので、小さな仕立てには向かない。株が若いうちは細めの枝だが、年々枝が太るのでざっくりした誘引に適している。株が一坪くらいに広がると落ち着きはじめ、返り咲くようになる。

花径：8〜9 ㎝
樹高(伸長)：2〜4 m
作出：カント（イギリス）1968 年
寒地、高冷地でのつる仕立て：可能

分類	開花	芳香	アーチ	フェンス
CL	一季咲	微香	E	E

バニラ ボニカ

春は花が開くにつれてクリームから白に変化し、花つきも多くて見事。晩秋もよく咲き、花は黄色が濃くなり美しい。一輪が長く咲き、雨が降っても花にシミができず、きれいな状態が長く続く。比較的早く大きくなる品種だが、初心者は数年剪定せずに伸ばし続けてから、つるに仕立てるほうがよい。

花径：6〜7cm
樹高（伸長）：1.3〜2m
作出：メイアン（フランス）2006年
寒地、高冷地でのつる仕立て：伸びにくい

分類	開花	芳香	アーチ	フェンス	オベリスク	トレリス
S	四季咲	微香	D	E	CDE	A

ブラン ピエール ドゥ ロンサール

大人気の「ピエール ドゥ ロンサール」の枝変わりで、色が淡くなった品種。中心部はソフトピンクで、開くにつれて白一色になる。花つきと花もちがよい。冬に枝を横に誘引すると、より花つきがよくなる。花はうつむき加減に咲く。「ブラン」は、フランス語で「白」を意味する。

花径：10〜12cm
樹高（伸長）：2〜3m
作出：メイアン（フランス）2005年
寒地、高冷地でのつる仕立て：伸びにくい

分類	開花	芳香	アーチ	フェンス	オベリスク
S	返り咲	微香	DE	DE	DE

アメジスト バビロン

花びらのつけ根に赤いブロッチ（斑点）が入る、世界最新の色使いの品種のひとつ。原種「ロサ ペルシカ」の流れをくむブロッチを持つ品種の中では、とげも少なめで、つるバラとしても使いやすい。半つる性の返り咲の品種。枝は太くならず、さほど大きくもならないので、家庭の庭向き。たくさん咲かせるには枝を横に倒すとよい。

花径：6〜8cm
樹高（伸長）：1.5〜2.3m
作出：インタープランツ（オランダ）2013年
寒地、高冷地でのつる仕立て：伸びにくい

分類	開花	芳香	アーチ	フェンス	オベリスク	トレリス
S	返り咲	微香	C	C	AC	AC

キャメロット

細かにインクを吹きかけたような珍しい花色で、香りもよい。やや上向きに咲くので、なるべく低い位置で横に倒すように誘引すると、真価を発揮する。北国でもよく伸び、曲げやすいしなやかな中輪のつるバラは貴重。きわめて旺盛に成長する。2012年ADR認証。バーデンバーデンつる部門金賞、他。

花径：8〜10 ㎝
樹高（伸長）：2.5〜3.5 m
作出：タンタウ（ドイツ）2010年
寒地、高冷地でのつる仕立て：可能

分類	開花	芳香	アーチ	フェンス	オベリスク	トレリス
CL	返り咲	中香	E	EF	BDE	ABC

サハラ'98

開花時は黄色で、だんだんとオレンジ色に変わる、そのグラデーションが美しい。最盛期の景観は見事。アーチ仕立てにすると、華やかになる。秋にもよく咲く、丈夫で育てやすい品種。日当たりのよい場所で、美しく発色する。

花径：8〜10 ㎝
樹高（伸長）：1.8〜2.5 m
作出：タンタウ（ドイツ）1996年

分類	開花	芳香	アーチ	フェンス	オベリスク
S	四季咲	微香	BDE	E	BDE

フランボワーズ バニーユ

花火のようにはじける縞模様は珍しく、ここまで美しい花を咲かせる品種は少ない。香りもあり、花つきもよい。とげも少なく、驚くほど枝がしなやかで曲げやすいため、さまざまな仕立てができる。枝はあまり長くは伸びないので、大きな構造物には向かない。比較的丈夫で育てやすい。 わずかに青リンゴの香り。

花径：9〜11 ㎝
樹高（伸長）：1.5〜2.5 m
作出：メイアン（フランス）2010年
寒地、高冷地でのつる仕立て：伸びにくい

分類	開花	芳香	アーチ	フェンス	オベリスク	トレリス
S	返り咲	弱香	BCD	DF	ABCD	BC

···· PART 6 ····

つるバラの
基本の育て方

はじめての方も、そうでない方も、
知っておきたい基礎知識です。
「つるバラ相談室」で、悩みを解消しましょう。

基本の道具

つるバラを栽培する際に、
揃えておきたい道具を紹介します。

基本の装備

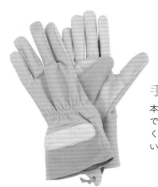

手袋（短いタイプ）

本牛革製がおすすめ。丈夫で、トゲなどが刺さりにくく、柔らかくて作業しやすい。

手袋（長いタイプ）

手首だけでなく、腕までカバーするタイプ。ひもを結ぶような細かい作業には向かないが、剪定やつるの仕立てまで、安全に奥まで手が届く。

枝や根鉢を切るときの道具

剪定バサミ

シャープな刃で、太い枝もよく切れる。

芽切バサミ

刃先が尖って細いため、細い枝や枝が混んでいる部分を切ることができる。

ノコギリ

ハサミで切れない太い枝を切るときに使う。持ち歩きやすい小型のものがおすすめ。

手にすっぽり
収まるサイズ

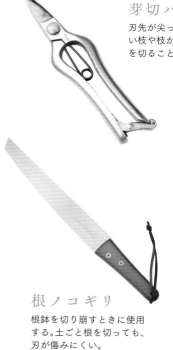

根ノコギリ

根鉢を切り崩すときに使用する。土ごと根を切っても、刃が傷みにくい。

ヤニ取り剤

刃こぼれしていないのに切れ味が悪かったり、開きが悪くなったりしたときは、バラのヤニが刃にこびりついているのが原因。これを刃にスプレーしてヤニを落とせば、切れ味が復活する。

🌹 枝を誘引するときのひも

麻ひも
しなやかで結びやすく、枝を
しっかり結ぶことができる。

麻ひも（太）
15番手の6本より

麻ひも（細）
14番手の3本より
太い枝を結ぶと、
切れることがある。

シュロひも
切れにくくて、丈夫なひも。
堅くて結びにくいときは、
水に浸してから使うとよい。

ビニタイ
細い針金をビニール・コー
ティングしたもの。枝に結
んだときに見た目はいまひ
とつだが、結ぶ必要がない
ため片手でも枝を固定で
き、耐久性も高い。

🌹 鉢植にするときの道具

プラスチック鉢
バラ専用の、軽くて扱いや
すいプラスチック製がおす
すめ。底面にスリットが入
っていて排水性に優れてい
る。

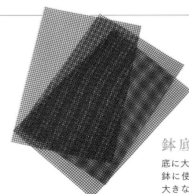

鉢底ネット
底に大きな穴が空いている
鉢に使う。穴をふさいで、
大きなナメクジを侵入しに
くくする。

🌹 水を与えるときの道具

土すくい
鉢植のとき、用土をすくっ
て鉢に入れるときに便利。

土のみじんや
水も落とせる

ジョウロ（大）
鉢植のバラは水が大好き。たっぷり
水が入るジョウロを用意したい。取
っ手の下にハス口が収納でき、行方
不明にならないタイプが便利。

つるバラの苗の選び方

「つる ローズ うらら」の
大苗と、「レイニー ブルー」
の長尺苗で解説します。

 ## 「大苗」の選び方

【大苗とは】新苗（秋〜冬に接ぎ木されて、数カ月の苗）を秋まで
畑で育てたもの。苗木に力があるため、初心者におすすめです。

Check1

葉の量と勢い

葉が多く、勢いがあるものを選ぶ。

Check2

枝の太さ

同じ品種の苗の中から選ぶなら、
枝が太いものを選ぶ。

Check3

枝の表面

枝の表面に縞模様があり、堅く締ま
っているものは、枝が充実している
証し。このような枝が1本でもあ
ると安心。

Check 4

枝の切り口

枝の中心部分（スポンジ状）
の比率が少ないほうがよい
苗。スポンジ状のまわりが肉
厚なほどよい苗。

見た目よりも
悪い苗

枯れ込んでいる

葉が少なく、
勢いがない

枝の1本1本が細い

◆ 枝の切り口がスポンジ状
の場合は、「木」ではなく、
まだ「草」の状態。冬に
凍って枯れやすい。

◆ 冬になると、左3本の枝
は凍ってしまう。凍らず
に生き残れるのは、縞模
様のある右枝のみ。

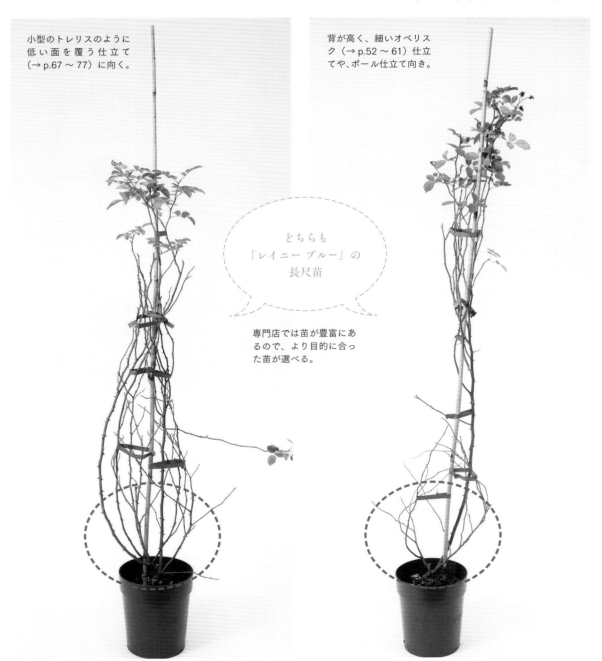

「長尺苗」の選び方

【長尺苗とは】新苗か大苗を鉢上げし、枝を長く伸ばしたままの苗です。長い枝を使って、すぐに仕立てることができます。

A タイプ　株元から細かい枝が多く出ている苗

小型のトレリスのように低い面を覆う仕立て（→p.67〜77）に向く。

B タイプ　枝数が少なく、株元から太い枝が1本だけ出ている苗

背が高く、細いオベリスク（→p.52〜61）仕立てや、ポール仕立て向き。

どちらも「レイニー ブルー」の長尺苗

専門店では苗が豊富にあるので、より目的に合った苗が選べる。

※苗のタイプによって、向く仕立て方がありますが、年月をかけて仕立て直すこともできます。

つるバラに合う生育環境

「土・光・水・肥料」。この4つの条件を満たせば、バラは美しい花を咲かせてくれます。

庭土は堆肥で土を育てる
鉢土は培養土を使う

バラに適した土は、水はけ、水もちがよく、適度な養分を含んだものです。

庭植の場合は、掘り起こした土に、牛や馬の堆肥を混ぜて穴に戻します。水はけの悪い土壌の場合は、川砂を1〜2割混ぜます。掘った植え穴に培養土だけを入れて植えたくなりますが、水はけの悪い土壌の場合、かえって穴の中に水がたまりやすくなるので要注意。

また、バラは連作障害といって、バラが植えられていた場所を嫌います。場所を変えるか、植え穴だけでも新しい土に替えます。

鉢植の場合は、バラ用の培養土が手軽で安心です。2〜5年に一度は土を交換します。

日当たりのいい
場所を選ぶ

バラは、太陽の光を好む植物です。日照時間が長い場所に植えるほど、きれいな花をたくさん咲かせてくれます。

植えるときには、東や南向きの庭で、1日に3時間は日の当たる場所を選びましょう。

北側でも、朝日や夕日が当たるようであれば、問題ありません。特につるバラや半つるバラは、この条件でも育つものが多いのです。

西向きのベランダは、真夏の午後の日差しが、バラにとっては過酷です。夏の間は寒冷紗などをかけて日除けをしましょう。

水

水枯れに注意。
たっぷり水を与える

　バラは水を好みます。根の先まで届くように、たっぷり与えるのが基本です。

　庭植の場合は土壌に水分があるので、樹木と同じように頻繁に水やりをしなくても大丈夫です。ただし、夏に1週間以上、雨が降らないときには、水を与えるほうがよいでしょう。

　鉢植の場合は乾燥が早いため、夏は毎日1～2回与えます。春・秋は1～3日おき、冬は5～7日おきが目安です。

　夏場の旅行時には、大きな受け皿に「ため水」をしておくと安心（晩秋から早春は根が傷むので、ため水はしないように注意）。

肥料

適切なタイミングで
適度な肥料を与える

　バラの株を充実させ、きれいな花を咲かせるために、肥料は欠かせません。しかし、多く与え過ぎると根を傷めてしまい、枯れてしまうこともあります。

　肥料を与えるタイミングは、3つあります。植えるときに与える「元肥」、毎年冬に与える「寒肥」※（庭植のみ）、成長期に与える「追肥」です。

　庭植の場合は、土づくりとバラの養分補給を兼ねた緩効性の「有機質肥料」をおすすめします。

　鉢植の場合は、水やりをするたびに肥料が鉢底から流れ出てしまうため、生育期間中は「追肥」によって、肥料がずっと効いているようにします。いずれの場合も、バラ専用の肥料を、各メーカーの用法・用量を守って与えてください。

※「元肥」をして2～3カ月以内であれば、「寒肥」は不要です。

大苗の植え方

「フロレンティーナ」の大苗を使って、庭植の場合の植え方のポイントを紹介します。

1 鉢の2倍の大きさの穴を、スコップで掘る。4.5号鉢ロング（10cm角×高さ19cm）の場合、柔らかい土壌なら直径40cm、固い土壌なら直径50cmが目安。

2 左手で根元をしっかりつかみ、右手のひらで鉢の角（ふち）を下へ向けてたたき、鉢から苗を引き抜く。

3 根元に巻かれたテープ（接ぎ木の際に、巻かれたもの）をはずす。

※4～6は省くこともできますが、根張りが悪くなり、台風などで株が倒れやすくなります。

4 根鉢の肩の部分を、指でほぐす。このとき、白い根（新しい根）は切らないように注意する。

5 水を入れたバケツに、根を浸け、両手でもみながら土を落とす。

6 土を洗い落としたら、根を広げる。太い根ごとにほぐすのがポイント。

7 土づくりのために、完熟の牛ふんや堆肥を使用する。

8 バラの肥料と土づくりに役立つ発酵済み油かすを入れる。

※生の油かすは1～2月のみ使用し、根に直接当たらないようにします。

9 掘り起こした土を入れ、スコップでざっくり混ぜる。ここで土を混ぜないと、油かすが十分に発酵しない。

10 さらに掘り起こした土をかけて膜を作り、根に肥料が直接つかないようにする。

11 両手の指を根の間に入れ、根を広げながら、まわりの土を根と根の間に入れる。白根を切らないように注意。

12 バケツで水をたっぷり入れ、指先で太い根のすき間に土を流し込む。

13 スコップで土をかける。

14 苗のまわりに土手を作る。

15 穴にバケツで水を入れる。土手の内に水をたっぷり注ぎ、穴の中に十分に水を浸み込ませるとともに、土のすき間に土を水で流し込む。

16 幹のすぐそばに支柱を立て、両手で支柱の端をつかみ、体重をかけながら土壌にしっかり立てる。

17 幹と支柱に二重にひもをまわし、蝶結びにする。根がぐらつかないようになると、根張りがよくなる。

18 スコップで土手をならし、表面を平らにする。

枝の生え方の法則

バラは天に近い所（※）から、新しい枝が伸びますが、成長期と休眠明けでは枝の生え方に差があります。剪定と誘引はこの成長度の違いを効果的に利用しています。

※ベーサルシュートを除く。

成長期（春～秋）の枝の生え方の法則

芽吹く準備ができた1芽が即伸びる

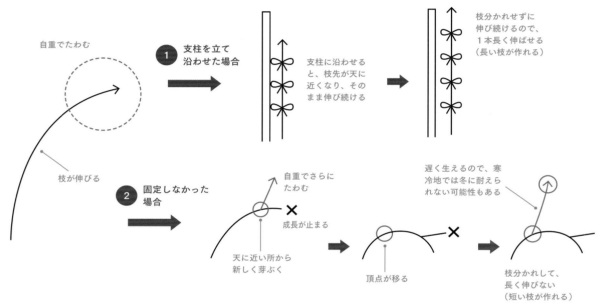

自重でたわむ

枝が伸びる

1 支柱を立て沿わせた場合

支柱に沿わせると、枝先が天に近くなり、そのまま伸び続ける

枝分かれせずに伸び続けるので、1本長く伸ばせる（長い枝が作れる）

2 固定しなかった場合

自重でさらにたわむ

成長が止まる

天に近い所から新しく芽ぶく

頂点が移る

遅く生えるので、寒冷地では冬に耐えられない可能性もある

枝分かれして、長く伸びない（短い枝が作れる）

休眠後の枝の生え方の法則

芽吹く準備ができても伸びないので、準備済みの芽が貯まる

1 縦に誘引した場合

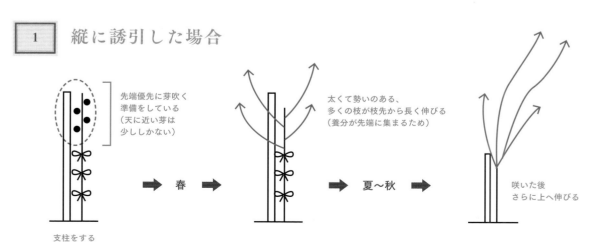

先端優先に芽吹く準備をしている（天に近い芽は少ししかない）

支柱をする

春

太くて勢いのある、多くの枝が枝先から長く伸びる（養分が先端に集まるため）

夏～秋

咲いた後さらに上へ伸びる

2　秋まで長く伸びた枝を、平行に誘引した場合

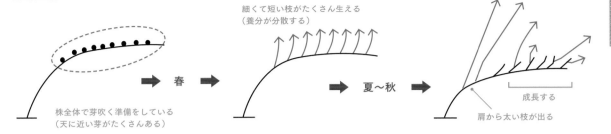

株全体で芽吹く準備をしている
（天に近い芽がたくさんある）

→ 春 →

細くて短い枝がたくさん生える
（養分が分散する）

➡ 夏～秋 ➡

成長する

肩から太い枝が出る

3　アーチ状に誘引した場合

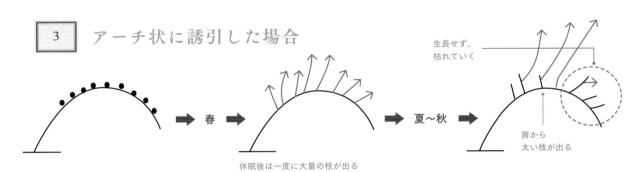

→ 春 →

休眠後は一度に大量の枝が出る

➡ 夏～秋 ➡

生長せず、
枯れていく

肩から
太い枝が出る

4　枝を剪定した場合

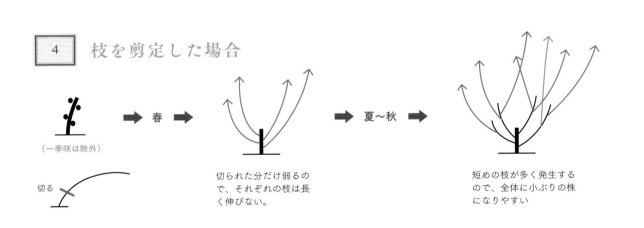

（一季咲は除外）

切る

→ 春 →

切られた分だけ弱るの
で、それぞれの枝は長
く伸びない。

➡ 夏～秋 ➡

短めの枝が多く発生する
ので、全体に小ぶりの株
になりやすい

剪定・誘引は休眠期にする

剪定や誘引は、植物にとってはストレスになります。
枝が伸びているときは行わず、
休眠期に行うことがポイントです。

| 関東以西の平地 | ＝ | 12月末～2月上旬（もっとも寒く、芽が動かない時期） |
| 積雪地や寒冷地 | ＝ | 雪溶けがはじまる頃（桜が咲く2カ月前くらい） |

剪定・誘引の基本

多くの花を均一に咲かせるには、剪定・誘引の仕方が重要です。

大輪種の場合、花が咲く枝は、このくらいの太さが必要。

剪定する枝の見分け方

まず確認したいのは、目の前のバラが、剪定・誘引するほど成長しているかどうかです。目的の大きさになっていなければ、枝を切ったり曲げたりせず、自然に育てます。

目的の大きさになったら、次のような手順で剪定・誘引をします。

1 枯れた枝を切る。

2 花が咲きそうもない太さの枝※を切る。
ただし、光の当たる場所に
誘引できるようなら、
養分をかせぐ枝として育てる。

※花が咲く枝がわからなければ、細めの枝もいくつか残しておきます。そして、春になってから、どのくらいの太さの枝に花が咲いたのかを確認しましょう。

3 枝の切り口がスポンジだけの場合は、充実した部分まで切り落とす。

枝の切り口を見て、充実した若い枝かどうかを見極める

充実した枝の断面

切り口の中心にあるスポンジ部分が少なく、そのまわりを放射線状の肉厚な木質が包んでいると、花がよく咲き、冬枯れしにくい。

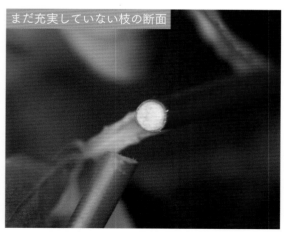

まだ充実していない枝の断面

切り口のほぼすべてがスポンジ状では、枝が充実していない証拠。冬に枯れ込んだりする心配がある。

Point 1 誘引の順序

誘引は枝元から、枝先へ向かって、
順にひもで結んでいくのが基本です。

Point 2 長いつるりとした枝は、なるべく横へ誘引

つるバラは、充実した太い枝を横にはわせると
花つきがよくなる性質があります。
ただし、小中輪の品種によっては、
縦に誘引しても咲くものもあります。

Point 3 細かな枝が多いと、縦に誘引しても咲く

細かな枝があちこちに出ている場合は、
縦に誘引してもよく花が咲きます。

Point 4 枝が重ならないように剪定・誘引

枝が密集すると、葉が重なり合って陰を作るので、
日光を十分に活かせなくなります。
剪定して枝を整理し、
春に茂った葉が重ならないように、
つる同士を離して誘引しましょう。

ポケットに麻ひもの巻きを入れておくと、麻ひもを必要なだけ簡単に引き出せて、作業がスムーズに。ジャケットに胸ポケットがあれば、さらにやりやすいです。

誘引するときは、必ず株元から順に上へ。枝をたるみなく配置できます。枝のたるみは余分な日陰を作ることにつながり、花数が減りやすくなります。

枝の分かれ目には、裂けやすい方向がある

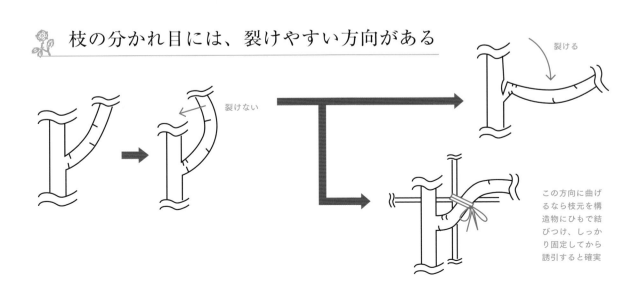

裂けない

裂ける

この方向に曲げるなら枝元を構造物にひもで結びつけ、しっかり固定してから誘引すると確実

京成バラ園
ヘッドガーデナーが
答える
つるバラ
相談室

「花」にまつわること

相談1

咲いた花は、いつどこで切るの？

　株を元気にしたいときほど、花がきれいなうちに、葉をたくさん残して切ります。よくわからなければ、花が全開して色があせたら花枝の半分で切ります。株が元気過ぎるようなら、花枝 1/3 から 1/4 残して切り、葉の数を減らします。
　なお、実つきのよい一季咲の品種は、花がらを切らずに実を楽しみます。

相談2

春の花が、ほとんど咲かない。

パターン①「一季咲」の品種は、冬剪定に注意！
　「年に1回しか咲かない性質の品種（一季咲）は、晩秋にはすでに来春の花を小さな芽の中に準備しはじめています（花芽といいます）。そのため、秋・冬に若い枝を切り落とすと花芽を失い、春に花ではなくつるが伸び出してきます（このように花芽がセットされていないものを、葉芽と呼びます）。一季咲の品種を小さくするには、夏（関東8月上旬）までに長いつるをまめに切り戻しておきましょう。
　★四季咲、返り咲のバラは、芽が伸びてから花ができるので、冬の剪定の失敗は（花つきの多い少ないはあるにせよ）ありません。

パターン②休眠していない
　「一季咲」の品種は花が咲く芽を完成させるために「休眠」が必要です。一般には冬が来て成長を止める時期が、これにあたります。ですから、いつまでも成長が続いてしまうような、寒さの厳しくない場所（陽だまり・都市部・暖流が近い沿岸部・沖縄）や、肥料の与え過ぎで、育て続けると、咲かなくなることがあります。

パターン③育っていないので、咲くまでの力がない
　一般に大きな花ほど、太い枝にならないと咲きません。日当たりが悪い場合は、光が当たるところまで伸ばして仕立てましょう（→ p.137　相談2）。

132

花をたくさん咲かせたい。

　まずは株を大きくしましょう（→p.137　相談2）。太いつるが何本も出てきたら、以下に沿ってチャレンジしてください。

①　自分好みの花が、どのくらいの枝の太さで咲いたか、見ておきましょう。それより細い枝は咲かせないことです。細い枝から太い枝は出にくいので、冬剪定で切る場所の目安になります。目安は10cm以上の大輪は鉛筆の太さ、7cmほどなら割り箸、3cmほどの花なら竹串くらいです。モッコウバラはタコ糸くらいでもよく咲きます。

②　1年未満で堅く締まった若い枝はよく咲き、2年以上経った古い枝には咲きにくいです。前年の春から秋までに伸びた枝を冬剪定・誘引で残すようにしましょう。短く剪定すれば先から枝が出て咲き、長い充実したつるを横に倒すように誘引すればつるに沿って花が咲きます（→p.129）。

　★細かな枝がたくさん出るものは細かく枝先を残すことで、その先に細かくたくさんの花が咲きます。花壇用のバラをつる仕立てにするときはこの技を使います。オベリスクなどは切り口がなるべくまんべんなく全体にあるようにすると全体に花が咲きます。

　「この方向からきれいに見せたい」という場所があれば、見せたい場所に優先してたくさんの枝を寄せて、たくさん咲いているように見せましょう。

③　太い枝は冬に横に倒して誘引します。若い太い枝には養分がたっぷりあるので倒すことでつるに沿ってたくさんの枝が出て咲きます。フェンスはまさに、この性質を利用した仕立て方。アーチのくぐる部分や、オベリスクの巻き上げる誘引がこれの変形技にあたります。中には倒してもたくさん咲かない品種があります。仕立てと合わないので、品種を変えるか、仕立てを変えましょう。

　★つる全体を水平より下げると、花が咲いた後に枯れやすくなります。生かすなら、一度下げて誘引しても、つるの先60cmほどは斜め上へ向かうようにさせてください。

　★大人の株になると、太くて堅く曲げにくいつるが生えてくる品種「ピエールドゥロンサール」（p.97）などがあります（→p.139　相談3）。

　★最近の品種では、つるをまっすぐ立ててもたくさん咲きやすい品種「アミ ロマンティカ」（p.92）なども登場しています。

京成バラ園
ヘッドガーデナーが
答える
つるバラ
相談室

「元気」がなくなった

相談1

いままで元気だったのに、急に元気がなくなった。

パターン①カミキリムシ

　庭植のバラが枯れる理由第1位は、断トツでカミキリムシです。株元の近くから木くずのようなもの（これは虫の糞です）が出ていれば、カミキリムシの幼虫（テッポウムシ）が枝の中を食い荒らしている証拠。秋までに発見できれば糞の出ているあたりにドリルやキリで穴をあけ、針金のようなノズルつきの専用殺虫剤を噴霧します。当然、親のカミキリムシがいたら捕まえます。

パターン②若い枝の切り過ぎ

　バラは一般的な樹木と違い、太くて新しい枝と古い枝が入れ替わるようにして成長します。品種によっては一つの枝が長生きできませんから、「小さくしたいから」、「前の年に誘引したところだけあればいいから」と新しい枝をすべて切ってしまうと、枯れてしまうことがあります。

　必ず後続の太くて元気な長い若い枝を多く残すと、若さが保てます。面倒でも最低毎年1本は、確保することをおすすめします

相談2

若い蕾や新芽の先が、数㎝しおれている。

　通称バラゾウムシ（数種いて、クロケシツブチョッキリが代表格）の仕業です。3㎜ほどの小さな虫が食べたり、卵を産んでいたりしてしおれさせます。新芽がくたっとしたら間髪入れずしおれた所を切り落とし、ゴミ袋に入れて捨てます（そのまま下に落とすと、成長して庭の中で増えます）。ベニカXファインスプレー®などを芽先や蕾を中心に散布します。

　★一季咲の大輪バラは、来年まで花が咲かないこともあります。芽先は常に観察しておきます。

相談3

株元から、新しい枝が出ない。

パターン①元気がない場合

苗を植えたときからヒョロヒョロで勢いを感じない場合は、日当たりが悪い、根の張る場所が少ない、切り過ぎ、曲げ過ぎ、虫、病気などの要因が考えられます。

パターン②元気でも古株になると出なくなってしまう品種があります。

株に勢いがあるなら問題はありませんが、アーチやオベリスク、トレリスの上のほうにしか咲かないことになります。品種が構造物に合わないことが根本原因ですが、仕立て直しをすることで、苗の状態からやり直すことができます。休眠直前12月末～1月上旬（関東基準）に、地際10cmほどで切ってしまう方法です。

古い株になると、芽吹く準備期間を十分長くとることが大事です。切るのが遅くなるほど生えてくる本数が少なくなります。

相談4

冬でもないのに葉がなくなった。

パターン①黒星病

堅くなってきた葉が丸一日以上濡れ続くと、葉に黒い点がついて落葉します。品種によってかかりやすさが違います。バラが一番弱る一般的な病気です。よく発生する品種なら長く雨が降る梅雨前、梅雨時期の晴れ間、秋雨前、秋雨の晴れ間くらいでいいので、薄めずに使えるマイローズ殺菌スプレー®などをすべての葉にかかるように散布します。黒星病の菌は葉の中にいますから、葉に沁み込まない殺菌剤は効きません。薬がバラの黒星病に効くことを確認してください。

パターン②虫

探せばイモムシ類がすぐ見つかるので、捕まえるなり、殺虫剤をかけるなりすれば大丈夫です。株が若いうちは深刻な被害になることもあるので、こまめに目をかけてあげてください。

虫がいないときは、シャクトリムシのように枝そっくりなイモムシが、枯れ枝や古い幹に隠れています。もしも、葉の喰われた形が判を押したように同じであれば、ハキリバチです。これは翅のある虫が切り取って持ち去るので、防ぎようがありません。自然のいたずら程度に考えてください。

「成長」にかんすること

相談1

伸び過ぎるので困る。

パターン①切って短くする

　一季咲の品種は春に咲いた後、冬になるまでひたすら伸び続けます。大きくしたくなければ、8月上旬までに切り戻しておきましょう（→ p.132　相談2）。

　四季咲・返り咲の半つる性の品種は、「弱い枝は、よく咲く四季咲性」の傾向になり、「元気な枝は、花が咲きにくくて長いつる性」の傾向になります。初心者は、これ以上伸びても枝を結ぶ場所がないという長さで切れば失敗はありません。切った先からまたつるが出やすいですが、出たら切るを繰り返します。勢いがある株では、この切り方ではどんどん元気になってしまう場合、1mほどつるを残して切りましょう。成長を遅らせることで、長く伸びられなくなります。ただし、秋遅くにいい枝が出ても冬の寒さに耐えられず枯れてしまうので、9月上旬までには切ったほうが安全です（関東基準）。

　また、元気のいいつるを生え際1cm残して（とはいえ、その切り口から新しい枝が20〜30cm伸びたら光が当たるような場所で切りましょう）、バッサリ切ることで枝が弱り、花の咲く細い枝になることがあります。

パターン②逆Uの字に曲げる

　枝が柔らかければ、つるの途中から枝先が地面に向くよう「逆Uの字状」に仮留めして成長を止めます（下を向いた枝でも伸び続ける「フランソワ ジュランビル」（p.99）や「アルベリック バルビエ」（p.114）には効果がありません）。「植物は一番高い部分から枝が出る」という性質があるので、曲げた部分からいくつかの枝が伸び出し、力が分散して長く伸びなくなります。（堅くて曲がらないなら、切るしかありません）。

　★春最初に咲いた花の枝の長さは、その品種の癖が素直に出ます。短い枝が出て咲く品種は、つるを切っても曲げても花枝が短く咲きます。逆にいえば、花枝の長い品種を間口の狭いアーチに植えると、通れなくなってしまうということです。

相談2

なかなか伸びてくれない。

　3時間以上の日当たりがある、十分に根を張る地面がある、病気や虫に傷めつけられていない、を前提にします。バラを大きく育てることは、葉を増やすことが大切です。

パターン①小さすぎる苗

　植えておけば勝手に大きくなるバラの場合は体力のない、根も葉もわずかな苗が格安で売られています。一季咲に多く、「モッコウバラ」(p.112) が典型的です。根が少ないので数年はじわじわしか伸びませんが、5年を過ぎたあたりから、急に勢いがついてきます。これは時間が解決します。

パターン②長期間咲き続ける

　特に四季咲品種がこれにあたります。バラは枝先に蕾、花、実があるうちは先に伸びません（つまり葉も増えません）。苗を買ってきたら、初年の春でも半分の蕾は弱い枝から順に（かわいそうでも）摘んでしまいましょう。

　夏以降は蕾を見つけ次第、すべて摘み取ります。摘むのが遅れるほど、葉を作る養分は蕾に使われてなくなります。蕾のついた透けるようにみずみずしい芽先が、摘み取りのベストチャンス！　摘んでも流れるように次の枝が出てきます。バトンを渡すタイミングを、逃さないようにしましょう。

パターン③支えがない

　ほとんどの植物は、太陽がある上に向かって伸びるようにできています。つるが伸びていく方向（ほとんどの場合は、まっすぐ上に伸びる）に支えてあげると、早く長く伸びます。こまめにアーチなりオベリスクなりに仮留めしていきましょう。これを直立樹形で四季咲花壇用のバラに応用すると、オベリスクに誘引することで何倍も長く高く伸び、完全四季咲のバラのオベリスクが出来上がります。

パターン④枝をたくさん切らない

　冬は枝を切るものと思っている方が多いのですが、大きくしたいなら切らずに伸ばし放題にして、曲げずにアーチなりにまっすぐ伸ばします。

　植物にとって、曲げられるのはストレスでしかないのです。注意するとしたら、枝を密集させないこと。葉がお互いに重なり合うと陰を作り合って、光合成効率が落ちてしまいます。

「よく聞かれる」こと

相談1

鉢植のつるバラは毎年
冬に植え替えると聞いていますが、
必ずしなければダメですか？

植え替えはなるべくしたほうがよいです。その目的は2つあります。

　①土替え：土の状態が悪くなる前に、土を替えることです。水やりしても水が溜まって抜けないというのは、鉢植用土としては寿命です。こうなりやすいのは、粒がなく泥のような土です。細かな土の粒子が水やりのたびに、水の流れと一緒に下に流れ落ち、溜まり、粘土のようになって塞いでしまった状態。そのため、粒感のある用土ではじめに植え替えておくのが安心です。バラの用土の多くは粒感のあるものになっているのはそのためです。粒の隙間がある分、詰まりにくく土の寿命が長いですから（いい培養土は粒がつぶれにくく、5年近くもちます）。抱えるような大きな鉢に植えたら、植え替え自体が重労働。この場合は、有機質の肥料や液肥をやって土を育てるように心がけ、土の寿命を延ばすようにします。

　②根詰まり：新しく根を張る場所がなくなった状態の打開策として、根の末端を処分して1/3〜1/2くらいのサイズに小さくしてから、新しい用土で植えます。つるバラはよく伸びるので、鉢のまわりがびっしり根で包まれやすく、よく育った株ほど植え替えが必要です。育ってなければ、根も伸びていません。慌てなくても大丈夫。ひと抱えもある鉢の植え替えは、特に重労働です。鉢の淵に2〜3カ所縦に細長い穴を掘って、そこだけ土を入れ替えるのもひとつの方法です。培養土や堆肥、調整ピートモスを混ぜた赤玉土を使います。根があって掘りにくいので、根ノコギリなどで土ごと根を切って作業すると、楽で速いです。また、根の量と枝の量はバランスをとらないといけません。根がなくなったのに、枝が元のまま茂っていてはかわいそうです。なるべく古い枝を切り、若い枝を多く残した上で枝のボリュームも減らします。休眠している間は慌てず作業してください。植え替え後、枝を切るのは1週間以内であれば大丈夫です。

相談2

「冬が移植の適期」と聞いているが、11月に庭植した大苗を1月に植え直していいのですか？

　　やむを得ない事情であればやるしかありませんが、結果は非常に弱ります。冬は移植の適期ですが、ひと冬1回にとどめておくのが無難です。大苗は畑で大きく育ったバラを枝も根もほとんど切った状態で販売しています。

　　新しい根は残った体からふり絞った、なけなしの養分を使って作られたものです。この根を再び切ると次に根を十分に作れないことが多いのです。できれば1年育てて養分を蓄えてからの移植をおすすめします。

相談3

堅いつるを、何としても曲げたい。

　　限界はありますが、試してみる価値のある方法が「時間をかけて曲げる」です。2〜3時間おきに曲がりそうなところまで曲げて仮固定し、1〜2日かけて曲げていきます。

相談4

品種によって誘引に適した時期ってあるの？

いろいろな条件で変わります。

　①1回しか咲かないのに、超早咲の「モッコウバラ」（→ p.112）は誘引が遅れると芽が吹いてしまい、作業で花芽を欠きやすくなります。早く誘引（12月／関東）しましょう。

　②下に向かって伸び続ける「フランソワ ジュランビル」（→ p.99）などは、初冬に誘引しても、新しくいちばん天に近くなった所から芽吹くことがありません。生長が緩やかになる11月下旬から2月まで誘引可能です。一般のつるバラは1月から2月が適期です。

　③「ロートケプヘン」（→ p.107）のように、寒くなるほど枝が堅く木質化するものは厳冬期前に誘引したほうが楽です。

　④水分でパツパツに膨れて曲げにくかったものが、冬に水分を吸わなくなって曲げやすくなる場合もあります。いろいろな時期に試してみてください。

　★③と④は誘引しにくいだけですから、神経質にならなくてもいいと思います。それよりも曲がる枝とそうでない枝を使い分け、どのようにしたらきれいに咲くように配置できるかというパズルを解くほうが建設的です。

バラづくりのヒントになる、オープンガーデン

ピンクアイスバーグ

向ケ丘遊園（川崎市）のモノレール跡地にできた「ばら苑アクセスロード」。
満開の「カクテル」のアーチがいくつも並んでいる。
アーチ下には、木立性の「ピンク アイスバーグ」「杏奈」が彩りを添えている。

通勤・通学や散歩道の途中に、
素敵なアーチを見かけたら、1年を通して見守ってみましょう。
どのように生育し、どんな剪定・誘引をしているのか、
定点観察すると、自分で栽培するときのヒントになります。

8月18日
花は少し咲き、葉は繁茂し、枝は伸びは
じめている。

10月16日
花はほんの少し咲いている。黒星病になっ
た葉を落としたが、枝は伸び続けている。

12月10日
花はちらほら咲き、葉はさらに減らし、
枝は伸び放題になっている。

12月22日
残っていた葉をむしり取り、剪定・誘引を終えた状態。枝と枝の間隔が均等
に整えられ、5月になれば、きれいに咲き揃うことが期待できる。

地域のボランティアの方々が集まって、バラの手入れをしています。「このアーチは、もともとはフェンスだったが、下の部分が寂しくなったので、アーチに仕立て直したら、人気が集まった」といいます。

一度は行ってみたい、憧れのローズガーデン

京成バラ園

京成バラ園　DATA
所在地：〒 276-0046
千葉県八千代市大和田新田 755 番地
営業時間：季節によって異なる
開園：1959 年（1999 年にリニューアル）

はじめてバラを植えたいと思ったら、バラ園に足を運んで、
実際の花を見ながら決めるのが一番よい方法です。
京成バラ園には 1600 品種 10000 株を超えるバラが咲き揃っています。
アーチはもちろん、オベリスク、トレリスなど、
さまざまな構造物で演出されています。

ウエルカムボードの奥に「うらら」が満開。5月〜1月まで次々と開花する。

大きなアーチをくぐると、そこは芳しいバラの園。夢のような光景が広がる。

広大なバラ園内。中央には「新雪」（→ p.116）と「羽衣」（→ p.96）の2色使いの巨大なアーチがある。

桂由美さんから寄贈された
ガゼボには、春と秋に色と
りどりのバラ（造花）があ
しらわれている。

レストラン「ラ・ローズ」の壁面には、「ブラッシュ ノ
アゼット」や、「スーブニール ドゥ ラ マルメゾン」な
どが見事に咲く。

トチノキの巨木の下には、バラに四季咲や赤色などをも
たらした「チャイナローズ」たちが咲き乱れる。

ガーデンセンター（入場無料）へ向かうと、
「カクテル」のアーチが迎えてくれる。園
内で気に入った品種が見つかったら、ここ
ですぐに購入できる。

著者

村上 敏 （むらかみ さとし）

京成バラ園ヘッドガーデナー。1967年、東京都（足立区）生まれ。玉川大学農学部を卒業し、京成バラ園芸株式会社に入社。同社では、バラの品種改良、海外業務、通信販売などの担当を経て、現在のヘッドガーデナーになる。バラや植物全般に深い愛をもち、豊富な知識・経験をもとに、愛好家に栽培法などをわかりやすく紹介している。Eテレ「趣味の園芸」をはじめ、全国各地のセミナーで講師を担当。著書に『はじめてのバラとつるバラ』（成美堂出版）、『つるで楽しむ素敵な庭』（講談社）、『モダンローズ』（誠文堂新光社）などがある。

STAFF

ブックデザイン：根本綾子(Karon)
撮影：大泉省吾（スプリング・クリーク）、対馬綾乃
編集協力：雨宮敦子(Take One)

撮影協力：京成バラ園

画像協力（つるバラ図鑑）：
花ごころ
デビッド・オースチン・ロージズ
松尾園芸
バラの家
京成バラ園芸
村上 敏

表紙カバー：アマナイメージズ
P2 アカオハーブ＆ローズガーデン「イングリッシュローズ」（撮影：青木美和）
P140～141 ばら苑アクセスロード（撮影：雨宮敦子）

構造物の画像提供（代表電話番号）
ベルツモアジャパン　　　　　　TEL.0284-70-3300
オンリーワンクラブ　　　　　　TEL.052-934-2811
タカショー　　　　　　　　　　TEL.073-482-4128
アーバーライフ　　　　　　　　TEL.0749-20-1474
GREEN GARDEN　　　　　　　TEL.0256-38-6843
大同クラフト　　　　　　　　　TEL.0572-21-6681
京成バラ園ガーデンセンター　　TEL.047-459-3347

※本書で紹介した商品の情報は、2021年7月現在のものです。

あこが　　　　　　　　　　　　　つく
憧れのバラのアーチが作れる

えら　　かた　そだ　かた　した　かた
つるバラの選び方・育て方・仕立て方

2020年5月14日　発　行　　　　　　　　　　　　　　　　　NDC620
2021年7月10日　第2刷

著　者　村上 敏
　　　　むらかみ さとし
発行者　小川雄一
発行所　株式会社 誠文堂新光社
　　　　〒113-0033 東京都文京区本郷3-3-11
　　　　[編集]電話03-5805-7285
　　　　[販売]電話03-5800-5780
　　　　https://www.seibundo-shinkosha.net/
印刷・製本　図書印刷 株式会社